桂东南地区
特色农业产业发展及实用技术模式

许忠裕◎主编

GUIDONGNAN DIQU
TESE NONGYE CHANYE FAZHAN JI
SHIYONG JISHU MOSHI

中国农业出版社
农村读物出版社
北 京

本书编委会

前　言
FOREWORD

　　党的二十大报告作出加快建设农业强国的重大决策部署，明确提出"强化农业科技和装备支撑"和"发展乡村特色产业"。习近平总书记2017年视察广西时，作出了"扎实推进现代特色农业建设"的重要指示；2021年视察广西时，强调立足广西林果蔬畜糖等特色资源，打造一批特色农业产业集群。党的二十大报告和习近平总书记对广西的一系列重要指示，为广西农业提供了发展遵循，指明了前进方向，明确了目标任务。

　　广西是全国的农业大省区，特色农业有产业规模、有丰富产品，在加快建设农业强国中地位突出。地处桂东南地区的玉林市，是广西发展特色农业走在前列的地区，农业条件得天独厚，农业资源丰富，特色农业产业规模大、发展快，一大批特色农业产业在广西乃至全国都有着较高知名度和较突出地位，有着全国知名的"三黄鸡之乡""荔枝之乡""百香果之乡""沙田柚原产地""瘦肉型猪基地"等称号，农业大市的特征十分突出。

　　2008年，玉林市委、市政府作出了建设广西现代农业示范市的决定，坚持以工业理念引领农业发展，大力实施农业产业"123工程"，深化海峡两岸农业合作试验区的科技示范平台效应，加快推动农业发展方式向现代农业转型升级。2014年，玉林市获批第二批全国农村改革试验区，以统筹推进农业农村综合改革为引领，深入推进农业供给侧结构性改革和现代特色农业建设，大力促进现代特色农业品种品质品牌提升。

进入"十四五"，《玉林市推进农业农村现代化"十四五"规划》把沙田柚、荔枝、百香果、食用菌、陆川猪、三黄鸡等产业确定为重点发展产业，《玉林市做强做大十大重点农业产业链工作方案》把沙田柚、百香果、荔枝、蔬菜食用菌、优质家畜家禽等确定为全市十大重点农业产业链，通过健全产业链、打造供应链、提升价值链，加快打造特色鲜明、竞争力强、效益突出的各类农业园区和优势特色产业集群，引领桂东南地区特色农业产业做大做强，支撑建设现代农业强市。截至2021年底，全市建成国家级优势特色产业集群1个、中国特色农产品优势区4个、国家农业产业强镇2个、全国"一村一品"示范村镇9个，初步形成了产业集聚集群发展格局；全市有效期内"三品一标"数量提升至232个，其中绿色农产品、有机农产品和农产品地理标志总数达58个。截至2022年底，全市有30个品牌入选广西农业品牌（"广西好嘢"）目录，包括4个区域公用品牌、9个农业企业品牌、17个农产品品牌，其中"容县沙田柚""陆川猪""北流荔枝""北流百香果"入选广西农业品牌（"广西好嘢"）目录区域公用品牌，还有4个沙田柚品牌、1个荔枝品牌、1个陆川猪品牌、1个三黄鸡品牌入选广西农业品牌（"广西好嘢"）目录农产品品牌。

克服全球产业链重构、新冠疫情冲击、自然灾害频繁、农资价格走高等多重不利因素影响，玉林市现代农业保持了平稳较快发展，全市农林牧渔业总产值从2012年的382.9亿元增加到2021

年的657.8亿元，增长了71.8%，在全区14个设区市中保持在前3位。2021年，全市肉类总产量87.84万吨，排在全区14个设区市的第1位，其中猪肉产量43.13万吨、同比增长38.28%，禽肉产量42.99万吨、同比下降7.43%；全市园林水果产量154.4万吨，排在全区14个设区市的第6位，荔枝、龙眼、柚类的产量同比分别增长31.2%、29.2%、16.2%且均高于全市水果产量平均增幅水平（14.5%）；全市蔬菜（含食用菌）产量455.34万吨，同比增长6.79%。

广西壮族自治区农业科学院自2016年以来，对口联系帮扶玉林市兴业县6个村精准脱贫和巩固拓展脱贫攻坚成果同乡村振兴有效衔接。2020年全国全面打赢精准脱贫攻坚战后，进入了全面推进乡村振兴的新阶段，广西壮族自治区农业科学院乡村振兴研究团队立足新阶段"三农"工作重点，从2021年起持续开展乡村振兴观测活动，依托玉林市农村专业技术协会、广西中农富玉国际农业科技有限公司在玉林市"五彩田园"现代特色农业（核心）示范区和兴业县卖酒镇建立乡村振兴观测点，对本单位帮扶联系点以及整个玉林市在巩固拓展脱贫攻坚成果、全面推进乡村振兴中的特色产业发展进行跟踪观测和系统研究，为本书的撰写提供了重要基础支撑。

本书围绕国家部署推进的农业强国建设战略，聚焦到地方发展的具体实践上来，通过分析农业大市的特色农业产业发展以及总结产业典型案例、产业技术模式，探索地方特色农业的现代化问题。本书是广西壮族自治区农业科学院乡村振兴研究团队玉林市"五彩田园"、兴业县等乡村振兴观测点的科学跟踪观测成果集成，是广西乡村振兴战略研究会高端智库建设的研究成果，是玉林市农村专业技术协会服务地方重点产业的科普成果。

　　本书的编写团队，汇聚了广西壮族自治区农业科学院、广西农业职业技术大学、玉林市农业农村局、玉林市农业科学院、玉林市农村专业技术协会、玉林市水产畜牧业协会、玉林市微生物研究所、玉林师范学院、广西玉林农业学校、玉林中农富玉职业技能学校、北流市农业农村局、容县农业科学研究所、容县沙田柚试验站、兴业县土壤肥料工作站、兴业县农业广播电视学校、陆川县农业广播电视学校、陆川县农民科技教育培训中心等省市县农业科研推广机构、涉农院校和科技智库单位的研究人员。本书的顺利完成，还得益于有关部门、专家学者以及各界有识之士的大力支持，在此特别致以衷心的感谢。由于时间仓促、水平有限以及资料收集难度较大，书中难免存在疏漏和不足之处，恳请广大读者指正和包涵。

本书编者

2023年1月23日

目 录
CONTENTS

Ⅰ 产业发展报告篇

CHANYE FAZHAN BAOGAOPIAN

北流荔枝产业发展报告

荔枝是典型的热带水果，与香蕉、菠萝、龙眼并称为"南国四大名果"，素有"果中之王"的美誉。荔枝种植至今已有2000多年历史，西汉司马相如的《上林赋》是中国最早记载荔枝的文献，文中称荔枝为"离枝"。荔枝营养丰富，果实富含维生素C，其含量比苹果、鸭梨分别高6倍和11倍，且含糖、钙等人体所需的营养物质。荔枝主要以鲜果形式销售，果实除可鲜食之外，还可加工成荔枝干、荔枝果脯、荔枝糖水罐头、荔枝汁、荔枝酒、荔枝醋等多类产品。

一、北流荔枝产业发展的背景研究

（一）广西荔枝产业布局

我国的荔枝种植主要分布在南部、西部和东南部，以广东栽培最多，广西和福建次之，海南和台湾也有种植。全国荔枝种植面积约60万公顷，约占全世界的85%，年产量130万吨左右。广西是我国荔枝的主产区之一，荔枝种植面积300万亩左右，年总产量约60万吨，面积和产量均排全国第2位。广西的荔枝主产地有灵山、北流、钦南、钦北、浦北、合浦、防城、东兴、玉州、兴业、福绵、博白、陆川、桂平、平南、港南、容县、横州、邕宁、隆安、苍梧、藤县共22个县市区，其他县区有零星种植。广西荔枝品种丰富，涵盖了早、中、晚熟品种，形成了桂味、合浦鸡嘴荔、灵山香荔等一大批闻名全国的优质荔枝品种，合计达92个，打造形成了在全国有一定影响力的"北流荔枝""钦州荔枝"等区域公用品牌。

（二）北流荔枝发展历史

地处桂东南地区的北流市，是玉林市代管的一个县级市，是广西荔枝主产区，发展荔枝种植历史悠久。远在汉和帝时（公元89—105年），北流荔枝就是进献的贡品。到宋代时，苏轼《荔枝叹》曰："永元荔枝来交州，天宝岁贡取之涪。"到了清代，北流荔枝发展更甚，清代《北流县志》记述："荔枝腊萼春花，夏至子赤，中有大造荔、黑叶荔、丁香荔、白蜡荔、麒麟荔、冰糖荔、糯米糍荔等。诸品中，佳者，大造荔为最，香醇味甜；肉厚者，冰糖荔、糯米糍荔最为驰名。前者，肉带虾肉色，糖分高，清香蜜味；后者，其果24个重二斤，核最小的似一粒米大，一般似筷子头大小，单人饱食一顿，其核不过一酒杯。"北流荔枝质好、量多，以果大、皮薄、肉厚、核小、甜香闻名。1993年，北流市荔枝种植面积已达12.47万亩、人均荔枝树3.1株；1994年，北流桂味荔枝获国家中联部采购作为国礼送朝鲜国家政务院；1995年，北流市被国家有关部门命名为"中国荔枝之乡"；1996年，北流当地有94%的农户种植荔枝且荔枝价格攀升；2004年，北流市获广西首个无公害荔枝生产示范基地县认证；2018年，北流荔枝成功申报国家农产品地理标志保护；2019年，北流荔枝成为继容县沙田柚、陆川猪之后玉林市成功创建的第三个广西特色农产品优势区项目。近年来，北流市以打造北流荔枝全产业链为目标，优品种、调结构、强链条、补短板，在桂味、黑叶、鸡嘴荔、妃子笑等主要品种基础上引种发展了仙进奉、无核荔、糯米糍、贵妃红、红荔等新品种，产业提档升级持续推进，有效促进了产业兴旺、助力了乡村振兴。

（三）北流荔枝资源禀赋

北流有着适宜种植荔枝的独特自然生态环境，资源禀赋十分优越。土壤地貌方面，北流市境内丘陵连绵，属于南亚热带季雨林赤红壤地带（按中国土壤区划），成土母岩主要有花岗岩、混合岩、砂页岩，还有第四纪红土母质、紫色岩、石灰岩等；垂直分布海拔600米以下为赤红壤、600米以上为红壤和山地黄壤，土壤pH在5.5～6.5，土壤地质非常适宜荔枝种植。水文方面，全市境内遍布江河溪流，主要河流有16条，大多流入西江支流北流河，属珠江水系，少数属南流江水系，最大河流——圭江（北流河上游）贯穿中部，水质符合国家有关标准，能有效满足荔枝种植用水需求。气候方面，北流市年平均日照时数1 724.2小时、日照率39%，年平均太阳辐射总量为109.16千卡*/平方厘米，年平均气温21.7℃，全年最冷的1月平均气温9.4℃、最热的7月平均气温28℃，全年日平均气温≥10℃以上积温7 466℃，无霜期351天；年降水量1 600～2 100毫米，降水主要集中在4—9月、占全年降水量的80%，平均蒸发量1 595毫米，年平均相对湿度78%；属于典型的

---

* 千卡为非法定计量单位，1千卡≈4.184千焦。

南亚热带季风气候，具有日照充足、热量丰富、雨量充沛、夏长冬短、干湿季节明显的特点，温度、光照、降水等条件都十分适宜荔枝生长。

（四）北流荔枝产业优势

在全国主要的荔枝县域产区中，北流是全国优质荔枝的原产地，已经形成的荔枝产业优势也十分突出。

一是品种丰富，上市期长。北流荔枝种植现在共有仙进奉、桂味、鸡嘴荔、妃子笑、禾荔等50个品种，其中被列为优质荔枝品种的有仙进奉、桂味、鸡嘴荔等15个。北流荔枝种植按早、中、晚熟布局，全年上市期约2个月。

二是规模较大，效益明显。面积方面，2022年全市荔枝种植面积为38.27万亩。产量方面，2021年全市荔枝产量达10.2万吨，2022年全市荔枝产量达10.5万吨。产值方面，2021年全市荔枝产业一二三产业总产值19亿元，2022年全市荔枝产业一二三产业总产值超22亿元。

三是品质优良，品牌打响。北流市有23.1万亩荔枝生产基地获得绿色食品认证、占全市荔枝种植总面积的60.4%，荔枝鲜果上市检测合格率达100%。北流荔枝已获得国家农产品地理标志、中国农产品区域公用品牌、广西农产品区域公用品牌等荣誉，其作为区域公用品牌还入选了第二批公布的广西农业品牌（"广西好嘢"）目录；北流市北流镇六行村还以北流荔枝作为主导产业获得国家"一村一品"示范村称号。

四是体系完善，链条较长。全市布局建成了以大同果业、富兴农业等企业为龙头的荔枝加工储运体系，配套有3万吨容量的冷库和预冷设备,加工量可达3.5万吨/年,加工产品已有荔枝干、荔枝酒、荔枝醋等10类。全市有东云果业、寻味君、中鼎贸易等320家荔枝电商和顺丰、京东、邮政等冷链物流,2022年全市通过电商平台销售荔枝鲜果约3万吨、占总产量的1/4。

二、北流荔枝产业发展的实践经验

(一)培强培优产业发展体系

北流荔枝被纳入玉林市十大重点农业产业链之一,科学制定产业发展规划,优化品种结构和产业结构,加快推进全产业链发展。北流市从2021年开始实施"北流荔枝全产业链建设项目",按照"良种化、规模化、标准化、集约化"的总体思路,大力优化品种布局和推进品种改良,争取在2021—2025年全市完成荔枝品改面积20万亩以上,同时规划建设大型荔枝集散中心、引进大型加工龙头企业、完善电商等销售体系,促进荔枝一二三产业融合发展。规划建设了北部、中部、南部3条荔枝产业示范带,其中重点建设北部荔枝产业示范带,辐射带动中部、南部示范带建设。北部产业示范带以品改晚熟仙进奉、鸡嘴荔为主,中部产业示范带以品改中晚熟桂味、仙进奉、无核荔为主,南部产业示范带以品改早中熟妃子笑、无核荔为主。重点培育了大同果业、荔乡农牧、亚泰农村、金友农林、东云果业、寻味君等一批荔枝种植、加工、销售龙头企业,推行"龙头企业+基地+电商""龙头企业+基地+农户""龙头企业+村级集体经济+基地"等产业化模式,建设100亩以上的荔枝大型种植基地30个,有荔枝加工企业4家、冷链物流点13个、电商企业320家。京东物流已与北流市人民政府达成战略合作，在北流市落地中国（北流）乡村振兴智能供应链基地，打造万亩京东农场（荔枝）示范基地，建立智能化公共产地云仓模式，提升北流荔枝"储存+拣选+包装+配送"一体化服务能力。

（二）建立完善产业质量标准

北流市围绕荔枝产业提档升级，全面推行《绿色食品 农药使用准则》《绿色食品 北流荔枝生产技术规程》等标准化技术体系，建成荔乡缘、龙荔、金友等自治区级、县级、乡级以荔枝为主导产业的现代特色农业示范区5个，国家标准化荔枝生产示范基地25个。建成了北流荔枝农产品质量安全追溯体系平台，全市25家重点生产企业推行"一品一码"追溯。实施了北流荔枝特色产业数字化提升工程，建成北流荔枝全产业链大数据库。结合广西特色农产品优势区建设，在基地管理上实行"二专六统一"模式，即专职人员、专用工器具和统一保管、统一使用、统一供种、统一生物肥供应、统一购进农药、统一进行病虫害防治，提升产品质量和安全水平。

（三）不断强化产业科技支撑

建立了市、镇、村三级水果产业技术体系，拥有专业人员400多人。依托国家荔枝研发团队、广西壮族自治区农业科学院、广西大学、华南农业大学等科研力量，在北流市建成国家荔枝良种重大科研联合攻关基地、国家荔枝龙眼产业技术体系综合示范基地等基地，示范引领了北流荔枝产业发展。"十四五"以来，全市2021年和 2022 年共完成荔枝品改约 11 000 亩，其中 2021 年完成品改 5 000 亩、2022 年完成品改 6 000 亩；全市荔枝优质品种面积达到 14.5 万亩，占全市种植面积的 37.9%；共举办专业技术培训班 15 期、培训 1 200 人次以上，开展电商培训班 3 期、培训 200 人次。2022 年 4 月 26 日，北流市荔枝技术培训中心揭牌成立，荔枝科技小院正加快建设中。

（四）着力健全产业联结机制

北流市荔枝产业协会组建了广西红金荔投资集团有限公司，具体负责荔枝规范品改、技术推广、产品销售、品牌打造、招商引资等运营工作，带动建立北流荔枝农业产业化联合体、北流市电商发货联盟。筹建京东物流（一体化供应链）两湾运营中心项目，重点打造北流荔枝京东亚洲 1 号仓。成立北流电商发货联盟，通过抱团发展降低 40% 左右冷链物流成本，提升电商带货卖货能力。2021 年以来，全市荔枝产业带动村级集体经济分红收入 201 万元，带动就业从业人数达 21 450 人，带动种植户人均增收 3 000 元以上。

（五）持续提升产业品牌影响

北流荔枝已获得国家农产品地理标志、中国农产品区域公用品牌等荣誉，已授权 30 家重点荔枝生产企业规范用标（其中绿色认证企业 25 家，符合绿色认证检测标准的企业 5 家），授权用标覆盖率占全市规模生产企业 80 家的 37.5%，形成了"大同""荔宝""金友"等 10 个国家和广西知名品牌。2022 年以来，开展了一系列宣传营销北流荔枝的活动，举办了北流荔枝公共区域品牌新闻发布会暨明星产品推介会、2022年广西北流荔枝节暨庆祝中国农民丰收节开幕式、北流荔枝产销对接会、北流荔枝树下音乐会。通过多形式、多渠道全方位对北流荔枝进行宣传推广，一定程度上提升了北流荔枝品牌的知名度。

三、北流荔枝产业发展存在的问题

（一）品种结构与布局不够合理

全市的黑叶、六月红等鲜食口感不佳的品种仍占全市荔枝种植总面积的60%左右，桂味、鸡嘴荔、贵妃红、仙进奉、妃子笑、无核荔等鲜食上佳的品种仅占40%左右，对于以鲜销为主的北流荔枝来说，品种改造提升还有较大的空间与潜力。

（二）受天气因素影响仍然较大

荔枝开花结果受气候条件影响较大，而且产果有"大小年"的现象，产业发展不确定因素较多。2022年，北流市的荔枝花期遇到连续低温阴雨极端天气，后期又受到台风天气影响，产量比2021年减少，且连续暴雨造成阳光偏少、光合作用不足，果实偏小、糖度下降，品质受到很大影响。

（三）加工物流仍处于较低水平

北流荔枝仍以销售鲜果为主，全市仍没有大型荔枝加工企业，加工产品虽然品类不少、但技术含量偏低，还没有开发荔枝精深加工产品。物流和电商在当今时代高速发展并深度融入农业产业链供应链之中，但北流市还没有建成大型的荔枝收购集散中心，冷链物流配套设施仍不够完善，给荔枝保鲜及销售带来了不少制约。

（四）市场波动影响仍然存在

北流市是全国知名的荔枝之乡，北流荔枝也获得了全国区域公用品牌称号，但北流的荔枝生产仍以千家万户种植为主，企业品牌营销的市场力度和辐射带动有限，市场对北流荔枝品牌产品的认可度还不高。加上受新冠疫情影响，全国荔枝市场不景气，市场消费能力下降，对北流的荔枝销售也带来了一定冲击。

四、北流荔枝产业发展的对策建议

（一）加大科技创新力度，促进产业提档升级

突出良种化、标准化和绿色化发展，以科技赋能促进北流荔枝产业提档升级。

一是加大品种改良力度。以品种改良为切入点，不断优化品种布局，推行协会龙头企业引领、"一村一品"发展等村企联动、整村整镇品改模式，力争完成新品改荔枝果园10万亩，鲜食优质荔枝品种占比提升到65%以上。重点是通过实施荔枝高接换种技术，大力推广市场上受欢迎、经济效益好的优质荔枝品种，将全市

20多万亩黑叶、六月红等品种高接换种成鸡嘴荔、桂味、仙进奉、无核荔、糯米糍等鲜食优质品种，促进全市荔枝品质升级。

二是加大标准化生产基地建设力度。全面开展荔枝标准园建设，按100～300亩规模化基地划片，建设完善水、电、路基础设施，建设灌溉设施、打药设备、农业废弃物回收处理点、病虫观察点等。组建机械喷药专业服务队，在病虫害防治方面推行社会化、专业化服务，统一防治技术措施，提高防治效果。

三是加大绿色有机产品认证力度。鼓励和支持通过土地流转的方式实现规模化经营，在全市50亩以上的基地推广无公害、绿色、有机栽培技术，健全完善新型农业经营主体各项生产管理制度，建立推行农产品溯源制度，力争绿色、有机认证覆盖率达到80%以上。

（二）补上加工流通短板，加快产业融链发展

突出延链补链，推进北流荔枝向二三产业环节延链升级，促进产业链条和流通链条融合发展。

一是着力补加工短板。继续扶持壮大大同果业、富兴农业、桂龙翔等一批荔枝果品加工企业，提升烘干或深加工产能。突出荔枝果实维生素C含量高、荔枝果核淀粉含量高、果肉富含人体所需营养物质等特点，聚焦北流荔枝的食用价值、药用价值，加大产业链招商，引进全国荔枝精深加工头部企业，合作开发一批科技含量高的荔枝精深加工产品。

二是着力补冷链短板。支持荔枝生产企业扩建加工冷库以及配套建设清洗、分拣、包装、预冷和冷链物流等设施，在全市范围内布局实施一批冷链物流项目，全面提升荔枝预冷、分等分级包装处

理和冷链流通能力。

三是着力补物流短板。依托北流地处广西和广东两省衔接地带的区位优势，加快建设位于北流的京东物流（一体化供应链）两湾运营中心，重点打造服务广西和广东两省荔枝产销的专业地头市场北流荔枝京东云仓。充分利用全市320家大型电商以及顺丰、京东、邮政等60个快递物流点，拓展电商销售、直播带货、社区和群体直销等渠道，提升荔枝物流速率。

（三）加强品牌建设，扩大产业市场影响

突出品牌化策略，多措并举推进地域品牌、产业品牌、产品品牌建设，综合提升北流荔枝产业的市场影响力。

一是推进品牌生产。进一步制定完善北流荔枝地方标准，全面推广北流荔枝绿色食品生产技术规程，力争到2025年全市荔枝绿色食品认证面积达到25万亩以上。联合海关开展出口示范基地备案认证，广泛宣传动员全市标准化荔枝生产基地开展供港、供深基地认证，打造衔接粤港澳大湾区和北部湾经济区的荔枝产品供应链。

二是规范品牌管理。规范北流荔枝国家农产品地理标志授权使用，统一管理北流荔枝区域公用品牌标志和商标。引导荔枝生产经营企业树立品牌理念、提升品牌意识、认识品牌价值，支持企业打造和运营一批以北流荔枝为核心的企业品牌、产品品牌，力争更多企业品牌、产品品牌入选广西农业品牌（"广西好嘢"）目录。

三是加强品牌营销。利用国家农产品地理标志保护工程项目，推动北流荔枝参加"广西地理标志农产品高铁专列"品牌系列宣传活动，开展线上线下地理标志宣传画册等专题宣传和推介活动，以

及中国农产品品牌价值评价活动。大力实施北流荔枝品牌战略，利用京东等平台与头条号、视频号、公众号、抖音等融媒体，全方位加大北流荔枝宣传力度，聘请专业的品牌营销机构对北流荔枝品牌进行营销策划，把北流荔枝打造成为在全国有话语权的知名品牌。

容县沙田柚产业发展报告

沙田柚是桂东南地区的一个"土特产"，享有"中国珍果"的美誉，"容县沙田柚"区域公用品牌还入选了首批公布的广西农业品牌（"广西好嘢"）目录。党的十八大以来，容县沙田柚产业蓬勃发展，产业规模持续扩大，产业发展质量和效益同步提升，新业态新模式不断涌现，规模化和组织化程度不断提高，规范化和标准化生产水平得到提升，新要素价值日益凸显，品牌化、产业化和区域化发展步伐加快，走出了一条产出高效、产品安全、资源节约、环境友好的高质量发展之路，在促进农业增效、农民增收，推动巩固拓展脱贫攻坚成果同乡村振兴有效衔接上发挥了重要作用。

▌ 一、容县沙田柚产业发展的背景研究

（一）我国柚类发展背景

我国是世界上最早人工种植柚类的国家，距今至少已有3 000多年的柚类栽培历史，《夏书·禹贡》中就有"扬州——厥包杼柚锡贡"的相关记载，《吕氏春秋》中也有"果之美者，云梦之柚"的相关记载。我国是世界最大的柚类主产国和消费国，柚类产业总

产值超千亿元，种植的柚类品种（品系）繁多，栽培面积较大的有广西容县沙田柚、福建平和琯溪蜜柚、四川脆香甜柚、江西斋婆柚等。我国柚类主产区主要在南亚热带与中亚热带地区，即广西、广东、福建、四川、湖南、江西、浙江、湖北、云南等省区，其中福建、广东、广西三省区产量合计占全国总产量的70%以上。据中国农学会农业监测预警分会相关调查分析显示，2015—2019年，全国柚类作物平均种植面积约140万亩，产量呈逐年上升趋势（表1）、占世界柚类总产量的50%以上，柚果消费主要以鲜果产品消费为主、占国内柚果消费总量的90%以上。

表1　2015—2019年全国柚果产量

年度	2015	2016	2017	2018	2019
产量（万吨）	444	459	467	505	508

资料来源：中国农学会农业监测预警分会调查分析报告。

（二）容县沙田柚发展历史

容县沙田柚最早栽培记录可追溯到明朝，明朝万历十三年（公元1585年）刻本《容州志》记载："柚以容地沙田所产最负盛名，香甜多汁；容地年产二百万只，运销梧粤港各埠。"沙田柚原称"羊额籽"，相传清代容县官人夏纪纲将其献给巡游江南的乾隆皇帝，得赐名"沙田柚"。新中国成立时，容县栽种沙田柚仅3万多株，以农户在房前屋后、山脚水池边栽种为主，种植规模小且分散。20世纪50年代，容县沙田柚种植数量逐渐增多，达到了12万株。进入70年代后，随着国家政策调整和农业产业布局，以及当地县委、县政府高度重视，容县沙田柚种植规模开始逐步扩大，面积逐年增加，产量不断提高。到了1990年，容县将沙田柚定为"县果"。沙田柚产业发展到现在，已在全县的15个乡镇全面推广种植，成为容县国民经济的主导产业和现代农业的优势产业，产业规模和竞争力在广西各柚类主产区中优势明显。

（三）容县沙田柚品种特性

容县沙田柚是我国柚类中独树一帜的优良品种，其果大形美、味甜蜜、耐贮藏，果实为葫芦形和梨形，果蒂部呈短颈状；果底常有古铜钱大的环状印圈，内有放射沟纹，被称为菊花底或金钱底；单果重1 000～1 500克，果面金黄色，果肉呈虾肉色，汁饱脆嫩、蜜味清甜；柚子叶有淡香味，民间认为可医病、辟邪；柚子皮加工烹饪后可食用，柚皮酿、柚皮扣、柚皮糖等柚皮加工品是当地的特色美食；一般10月下旬成熟，极耐贮藏，果实可贮藏150～180天，贮后风味尤佳。沙田柚有"有子""佑子""游子"等谐音寓意，是桂东南地区乃至两广地区在欢度春节、中秋、冬至等重大节日和婚庆、团聚时不可或缺的佳品。

二、容县沙田柚产业发展的实践经验

（一）做大产业规模，强化产品质量

"十三五"以来，容县大力推进沙田柚产业规模扩大，以政策扶持引导有实力的企业、专业大户加大投资力度，规模化开发荒

山发展种植，全县沙田柚产业的种植面积在"十三五"期间增长了1/3。2022年，全县沙田柚种植面积达到23万亩（图1），占全县当年水果种植总面积的90%以上；全县沙田柚产量达到30.5万吨，比五年前（2018年）翻了一番，占全县当年水果总产量的71.2%（图2）。在"扩量"的同时，容县沙田柚产业还注重了"提质"，出台了《容县沙田柚扩量提质工程实施方案》，制定了《地理标志产品 容县沙田柚》《容县沙田柚地方系列标准》《绿色食品 沙田柚生产技术规程》等系列标准，建立了容县沙田柚苗木溯源信息系统和产品电子档案信息系统，全面推行标准化生产和质量追溯制度，对沙田柚生产全过程进行品质把控，并在全县建设了沙田柚种植示范区138个，已通过绿色食品认证的沙田柚企业达到39家、认证产品数量达到44个、颁证面积达到6.3万多亩，获得认定的无公害农产品13个、地理标志农产品1个。2022年，全县沙田柚全产业链的综合产值达35亿元，种植面积、产量和产值在广西各柚类主产县中均排在第1位。

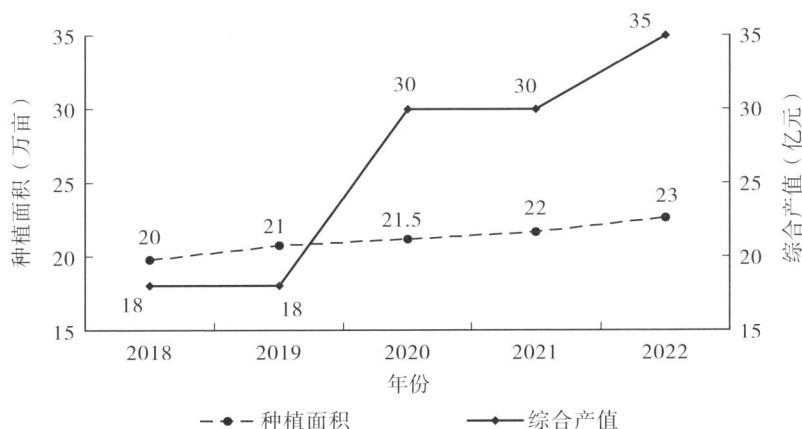

图1　2018—2022年容县沙田柚种植面积与综合产值

资料来源：容县沙田柚试验站。

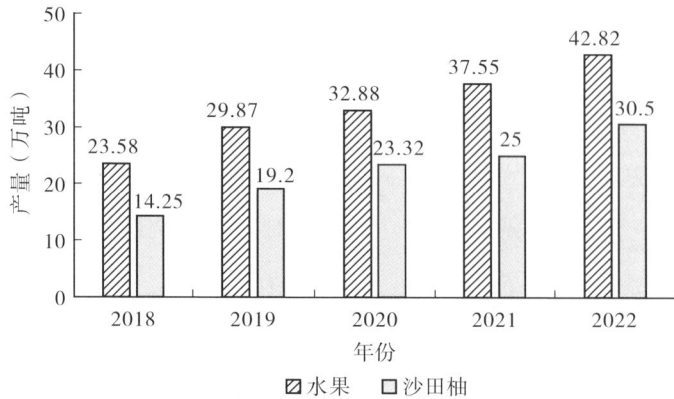

图2　2018—2022年容县沙田柚产量与水果总产量对比

资料来源：容县沙田柚试验站。

（二）延长产业链条，强化利益联结

经过多年发展，容县沙田柚产业初步形成了以"协会+公司+合作社+基地+农户"为产业化联合模式的全产业链发展格局，在做好鲜果产品销售的基础上，充分开发了果、皮、花等相关产品加工。全县已建成沙田柚清洗、包装、分级生产线13条，建成深加工生产基地1个，配套建设了沙田柚数字化产地仓和一批冷链仓储基地项目，引进两家营销企业新上了无损智能糖度检测设备，沙田柚日加工处理能力达30万公斤以上；全县从事果品、柚花提取香精产品、果皮提取洗发露产品加工的综合利用加工企业5家，投入的民间资金达到20亿元；全县沙田柚产业从业人员超8万人，种植面积达100亩以上的柚场超过50个，形成了一批沙田柚"万亩镇""千亩村"和种果"十万元户""百万元户"，6 300多户脱贫户通过科学种植沙田柚实现稳定增收。截至2022年底，容县沙田柚协会的个人和单位会员达900多个，其中农民专业合作社117家、家庭农场62家。

（三）提升产业科技，强化创新驱动

近年来，在各级科研机构和农业行政主管部门的大力支持下，聚焦服务容县沙田柚产业的科技力量不断增强，使得容县沙田柚产业的创新驱动力在广西农业产业领域处于领先水平。在自治区农业农村厅和自治区农业科学院的联合支持下，组建了容县沙田柚试验站，现有专职农业科研人员22人，柔性引进中国科学院大学、自治区农业科学院、广西大学、广西特色作物研究院、南宁师范大学等科研院校的专家、教授11人，重点开展容县沙田柚关键核心技术、生态种养模式、产品高值化加工利用等方面研究攻关和产业化技术模式集成创新应用示范。在中国农村专业技术协会、自治区科学技术协会的大力支持下，组建了容县沙田柚科技小院，发挥容县沙田柚产学研实训基地的平台作用，开展对容县沙田柚核心主产区种植生态环境的实地采样、调查和数据分析，科学指导种植企业和农户对柚园土壤实施酸性改良、精准配方施肥、生物病虫害防治等，为沙田柚标准化种植提供品种技术配套集成支撑。此外，大力推广高产高效品种技术。如推广无须人工授粉的沙田柚新品种"桂柚一号"，每亩可减少成本200元；推广利用电动授粉器给沙田柚授粉新技术，已在1万多户柚农中得到实际应用；2018年以来投入1 500万元对全县6万多亩沙田柚示范场进行高产技术改造，建设水肥两用化粪池和自动微喷设施，有效提升沙田柚种植的产量和质量。

（四）打造产业品牌，强化竞争能力

容县沙田柚产业在深耕产业链建设过程中，十分注重加强品牌培育创建，不断提升产业的市场竞争力。"容县沙田柚"成功入选首批公布的广西农业品牌（"广西好嘢"）目录区域公用品牌，荣获"2021中国农产品区域公用品牌"称号，并在2021年和2022年连续两年入围"中国品牌价值评价区域品牌（地理标志）百强榜"，品牌价值达到35亿元，是唯一荣登百强榜的柚类品牌；此外，容县还有"金容蜜""皇小柚""御品村""御品村沙田柚"等4个沙田柚品牌入选广西农业品牌（"广西好嘢"）目录农产品品牌。容县沙田柚产业在深耕产业链建设过程中，还十分注重以农文旅融合来提升品牌影响力，多种形式、多种途径塑造产业的市场形象。结合"广西特色旅游名县""国家全域旅游示范区"创建，积极举办各类围绕沙田柚的旅游活动，连续举办柚花节、柚子节、沙田柚产业发展大会，多次组团赴北京、西安、长沙、香港等地举办名优果产品推介会，持续推动容县沙田柚产业与特色文化旅游多业态融合发展，促进容县沙田柚的知名度、美誉度不断提升。

（五）优化产业政策，强化园区带动

为促进容县沙田柚产业加快扩大规模和提升品质，从2009年起，容县政府连续实行柚果扩量财政扶持政策，对新连片开发5亩以上的柚果园，给予500元/亩的财政扶持奖励，有效吸引了一大批有资金实力和有市场渠道的经营主体到容县投资发展沙田柚规模种植，也在全县范围内迅速扶持培育起了一批种植沙田柚的本土专业大户。党的十八大以来，借着广西大力开展现代特色农业示范区创建的东风，容县进一步明确了以园区为载体集聚龙头企业、加工链条、资金项目、经营人才的沙田柚产业发展路径，县财政多方整合农口资金4亿多元，以容县沙田柚产业为主导产业先后成功创建了中国特色农产品优势区以及国家级农业产业强镇1个、广西现代特色农业示范区3个，其中容县沙田柚产业核心示范区——"沙田柚王国"还进一步打造成为国家AAA级景区并建立了覆盖容县沙田柚全产业链的电子商务平台。

（六）培强产业主体，强化经营效率

在经营体系方面，容县沙田柚产业突出产业化、专业化的发展方向，政府发挥政策规划引导和公共要素保障作用，让企业和农户发挥产业链建设和市场经营的主力军作用。一方面，着力提升产业化水平。按照"十百千"产业化发展思路，即采取"十家以上经营主体参与、百亩以上用地保障、千万元以上资金投入"的方式，引进了广西柚乡投资发展有限公司、容县贡果沙田柚种植有限公司等一批龙头农业企业，培育了广西容县绿油油种养专业合作社、容县上河种养专业合作社等国家级农民合作示范社以及容县辉记家庭农场、容县优美家庭农场等12家自治区级示范家庭农场，并且在龙头企业、合作社、家庭农场的有力带动下，村级集体经济和农户通过土地流转、"飞地抱团"、能人领办等方式积极参与到沙田柚种植、加工、销售等环节中。截至2021年，全县已整合70多个村级集体经济的2 700多万元资金，打造了4个沙田柚村级集体经济示范园、示范点，带动70多个村实现村级集体经济年增收2.4万～5万元。另一方面，着力提升专业化能力。加大沙田柚产业带头人和种植农户的实用技术培训力度，拓展知识广度，转变经营理念，提升管护水平。龙头企业依托自建的标准化示范基地，每年为订单农户无偿进行技术培训，示范传授沙田柚修剪、环剥、施肥、套袋、防治病虫害等生产性技术，提高订单农户果树管理科技含量，促进增加产量、提升品质，进而提高整体经济效益。

三、容县沙田柚产业发展存在的问题

（一）规模发展遭遇瓶颈，亟待加快转型升级

沙田柚属于林果类经济作物，近年来在容县实现了规模化快速扩张，与林争地的发展瓶颈已经越发明显。具体而言，由于林木砍伐指标有限、林地用地规划不明、林地确权后续问题显现等多重因素制约，容县沙田柚产业已经进入"扩量发展"的缓慢期，种植面积将呈现以稳为主、循序新增的局面，以扩大面积来增加产量做大产业的传统增长方式，将加快向以单产、品质、加工来做强产业的方向转型升级。

（二）品质提升仍然紧迫，亟待加强生产管理

由于各乡镇之间产业发展不平衡、果农之间管理意识和种植技术差距大，容县沙田柚产业还存在着果品质量不一、个头差异大、优果率不够高的问题。具体表现为主产区几个乡镇的果农普遍意识

强、技术好、投入大、管理精，种植出来的沙田柚果品相对较好、质量相对稳定；但非主产区部分乡镇的果农对沙田柚产业发展前景和效益认识不足，发展种植的积极性不高，采取粗放管护甚至是少管不管的种植方式，加上不舍得进行生产资金投入，导致果品质量与主产区差距较大。此外，覆盖全产业链的容县沙田柚技术标准体系还没有健全，除《地理标志产品 容县沙田柚栽培技术规程》已经发布实施以外，柚苗繁育、栽培环境、采收、包装、储运等方面还未形成统一的行业种植管理标准。破解容县沙田柚品质提升问题的关键，就是要精准地聚焦到生产管护和技术标准上，改变过去粗放式的生产方式，尽快建立健全全县统一的行业种植管理标准，以高水平的生产管理确保产业高质高效。

（三）产业风险仍然存在，亟待加大科技支撑

沙田柚是芸香科柑橘属乔木，与其他柑橘属的园林水果一样，在生产中面临着黄龙病的威胁。容县沙田柚产业已经持续发展多年，到了黄龙病防控形势严峻的产业发展阶段，全县沙田柚产业的黄龙病危害发生率约为3%，个别管理不善的果园超过10%，原因是部分果农防控意识淡薄，对病树不舍得及时砍伐、不及时进行科学处理，导致出现蔓延现象。此外，沙田柚为露地栽培的果树，受自然气候条件的影响较大，如果沙田柚在春季开花坐果期遇到干热南风或持续低温阴雨天气则坐果率和产量将受到较大影响，在10月份成熟期遇到强降雨或持续降雨天气则会产生裂果、味淡、易烂等严重质量问题。要应对好容县沙田柚面临的产业风险，关键是要加大科技支撑力度，以科技手段来有效防控黄龙病蔓延和克服气象灾害影响。

（四）产销体系尚未成熟，亟待加紧布局市场

容县沙田柚产业已发展到一定的规模体量，但鲜果的商品化处理率仍然较低，大部分果农没有鲜果清洗、分装的意识，在销售鲜果时仍然采用蛇皮袋装销，产品在市场营销中的价值流失较为严重。近年来，全县沙田柚每年增加产量约1.5万吨，但仍以地头销售、电商销售为主，尚未出现大型、有实力的鲜果运营商企业和营销团队，尚未形成大型企业的大规模收购分销。此外，容县沙田柚有悠久的种植历史，本身已具有较高的产业影响力，但由于产业发展过程中品牌保护意识不强、品牌建设重视程度不高，加上外来柚子以次充好流入容县销售，对容县沙田柚市场口碑产生了一定冲击，影响了容县沙田柚的销售价格和品牌价值。提升容县沙田柚的市场竞争力，亟待做好市场布局和品牌保护，打通线上线下销售渠道和分销途径，培育和引进大型经销商，多部门联合打击冒用容县沙田柚品牌的违法行为，建立形成成熟的容县沙田柚产销体系。

四、容县沙田柚产业发展的对策建议

（一）加强规划布局、品种技术、生产管理的引领支撑，做大产业规模

一是规划布局容县沙田柚优势产业带建设。编制容县沙田柚产业高质量发展中长期规划，力争在"十四五"期间全县新发展沙田柚种植面积10万亩。对容县沙田柚产业主产区进行提级打

造，沿容藤二级公路两侧1 500米范围，以十里镇四登村和自良镇同江村为两端，途经容州镇、县底镇、自良镇，串点连线重点打造全长30公里的容县沙田柚优势产业带，遵循"政府引导、市场主体，合理布局、绿色发展、园区引领、联农带农"的原则，按照"政府扶持引导、社会多元投入"的模式进行建设，充分调动龙头企业、社会资本、集体经济、种植大户参与优势产业带建设的积极性。

二是大力推广优良品种和实用技术。用好容县沙田柚试验站、容县沙田柚科技小院等科技平台和科技力量的作用，加大在良种繁育、土壤改良、旱作节水、节肥减损、绿色植保、质量安全、加工贮存、疫病防控、设施农业、农业物联网和装备智能化等方面的科研攻关力度，集成推广一批高产高效品种技术模式，吸引一批沙田柚领域的最新科技成果到容县率先转化应用，以科技创新为传统产业高质量发展赋能。在全县范围内大力推广应用农作物病虫害绿色防控技术、橘小实蝇综合防控技术、柑橘黄龙病综合治理技术、水肥一体化技术、酸化土改良技术等沙田柚主推技术，力争主推技术应用覆盖率达98%以上。

三是全面加强标准化种植和日常生产管护。加强管护技术培训，提高果农管护意识和技术水平，重点对果场管理人员、种植大户、家庭农场主等开展沙田柚标准化规范化种植培训，帮助其熟悉和掌握以行业标准为示范的种植管护技术，促进沙田柚规模化生产基地实行标准化生产。加强现场技术指导，以田间学校的形式组织开展日常技术指导服务，根据沙田柚不同物候的生长特性提供及时的技术指导服务。加强黄龙病防控，在全县范围内进行一次黄龙病全面调查，做到及时的发现、科学处理，防止黄龙病蔓延造成较大产业风险。

（二）加大精深加工、冷链物流、经营环节的支持力度，做强产业链条

一是继续抓好沙田柚加工环节提升。推动自治区、玉林市、容县各级政府以及农业主管部门、财政部门出台相关优惠政策，从税收、电价、贷款贴息等方面重点扶持当地沙田柚深加工企业发展壮大，吸引更多有实力的大中型农产品贮藏加工企业落户容县开展精深加工和综合利用加工，积极引入和推广应用园艺尖端技术、现代智能设施、先进加工设备延长沙田柚产业链条，鼓励企业加大对沙田柚产品的研发力度，通过加工不断提高沙田柚产品附加值。重点扶持建设和提升一批沙田柚初加工标准化生产线，进一步提升地头初加工产能，大力推广和发展沙田柚机械化清洗包装，即机械化清洗、消毒、分级、干燥，自动单果包装、上网袋和贴标签，以及自动分级装箱，减少因贮藏搬运污染造成的柚果霉烂损失和贮藏期病害。

二是着力抓好沙田柚冷链物流建设。在容县沙田柚优势产业带配套建设一批"广西好嘢"产地仓、大中型批发市场、电商中心和仓储配套设施、农村快递点、地头冷库等冷链物流项目，全面提升服务容县沙田柚产业的冷链物流能力，延长沙田柚销售时间。保障沙田柚加工和冷链物流设施用地，落实农业设施用地政策并推动容县的农业设施用地指标向沙田柚产业倾斜，鼓励通过入股、租用等方式将村集体闲置房屋、废弃厂房或经营性建设用地等用于加工和冷链物流设施建设。保障沙田柚加工和冷链物流设施用电，落实沙田柚冷藏保鲜设施用电实行农业生产用电价格，促进降本增效。

三是组建容县沙田柚产业化联合体。优化容县沙田柚产业的

经营环节，以"龙头企业+村级集体经济组织+种植主体（家庭农场+合作社）"模式组建容县沙田柚产业化联合体。其中，种植主体负责一产环节，具体从事沙田柚标准化、规模化、绿色化种植；村级集体经济组织负责组织农户扩大种植规模，并以集体土地入股生产经营性设施建设；龙头企业负责加工和市场环节，通过数字化和自动化设备设施，高效完成清洗、分选、分级、品控、包装、贴牌、装箱、保鲜、打单、分运等一系列环节，打造符合国内外市场需求的高品质果品，并统一区域公用品牌运营；经营收益权由种植主体、村级集体经济组织、龙头企业共享，将加工营销环节纯利润的一定比例以分红方式反哺村级集体经济组织和种植主体。

（三）加快品牌建设、电商渠道、文旅赋能的发展步伐，做优产销体系

一是推动沙田柚品牌做大做强。以容县沙田柚地理标志认证为核心，大力打造在全国有较强市场竞争力和柚类定价权的区域公用品牌。鼓励企业按标生产容县沙田柚地理标志产品，市场化开发一批精品柚果品牌，主攻线上线下高端消费市场。对容县沙田柚实行统一区域公用品牌销售，大力推进容县沙田柚地理标志登记保护工作，县财政每年安排专项经费统一印制地理标志标识，免费发放地理标志标识给经验收合格的沙田柚果园使用，规范沙田柚生产和市场营销秩序，保证容县沙田柚品牌质量，提升容县沙田柚区域公用品牌价值。

二是推动沙田柚电商做大做强。加强果农与线下经销商、线上电商平台的深度合作，以"互联网+电商"调节市场供需，搭建从果场到客户的销售模式。借力"互联网+电商"开拓沙田柚特色产

品的销售市场，引进国内头部电商到容县建立区域性产地仓，支持大型全国连锁精品水果销售商到容县建立稳定采购渠道，通过电商模式规模收购和品牌销售容县沙田柚。建设电商产业园和容县电商网客户端（微信小程序、App），运用互联网的销售模式和手段改变传统销售方式，开通高效、快速的销售"网络高速路"，抢占全国柚类电商市场。推进产品溯源和电商销售有机衔接，鼓励溯源产品走精品高端线路。引进乡村O2O（线上线下结合）电商平台"乐村淘"进驻容县，培育本土电商网红和直播带货达人，培训和引导柚农利用"互联网＋电商"模式拓宽销售渠道，以高效的电商营销体系促进沙田柚的销售和创收。

三是推动沙田柚农文旅融合业态做大做强。发挥"中国沙田柚之乡"容县浓郁厚重的沙田柚文化，遍布全县的百年古柚树农业景观，以及真武阁、贵妃园等文化景点的作用，结合全国休闲农业与乡村旅游示范县、自良镇农业产业强镇、容州镇千秋村全国"一村一品"示范村镇等国家级产业平台建设，推动容县沙田柚产业发展与文化、旅游结合，讲好容县沙田柚的文化故事和产业历史，办好沙田柚旅游文化节、柚花节和一系列沙田柚销售、推介活动，提升沙田柚王国、容县沙田柚博物馆以及柚场农家乐等农文旅融合项目建设水平，开发沙田柚伴手礼等文旅产品。

玉林百香果产业发展报告

百香果学名西番莲，原产于南美洲，现盛行于欧洲、美洲和澳洲，因果实含有多种香味成分而得名，其中适宜商业化种植的主要是紫果百香果、黄果百香果、大果百香果以及紫果、黄果杂交种，果型多为圆形，果重50～80克，果肉可溶性固形物含量较高。百香果产业是玉林市近年来大力推广和发展的新兴产业，已逐渐成为巩固拓展脱贫攻坚成果、助推农民增收的农业主导产业之一。

一、玉林百香果产业发展的背景研究

（一）百香果自身价值较高

有关研究表明，百香果集高营养价值和药用价值于一身，含有人体所需的丰富营养成分，如蛋白质、脂肪、糖、维生素、微量元素以及17种氨基酸等，果肉可以鲜食，果汁可制成水果饮料，具有美容养颜、解暑开胃、止咳化痰等功效。百香果的果皮可作饲料和提取果胶、膳食纤维等；果籽可用于提炼精油；果、根、茎、叶可用于制药；藤蔓可用于生产饲料和有机肥料等。

（二）百香果产业前景较好

百香果适种性广，为不耐湿而抗旱性较强的多年生蔓性果树，对土质要求不严，无论是山坡丘陵地，还是房前屋后田、旱地，土壤pH在5.5～7.5均可种植，年平均气温18℃以上且冬季无霜冻地区均可种植，年日照时数达2 300～2 800小时的地区开花好、早结果、多丰产。与大多数水果产业相比，百香果种植投产周期短，当年种植当年挂果，第二年开始盛产，株产在30公斤以上，亩产2 000多公斤。百香果市场价值高，鲜果供应期长，可鲜食也可加工成果汁果酒等深加工产品，果汁含量约43.33%，浓缩果汁在全世界的需求量大且欧美消费市场已经比较成熟，浓缩果汁的国际价格一般为橙汁的4倍、苹果汁的6倍，特别是近年来国际市场对百香果浓缩果汁的需求以每年15%～20%的速度增长。综合来看，百香果是一种适宜产业化开发的新型经济作物，百香果产业是一项投资少、见效快、效益高的"短平快"致富项目。

（三）百香果产业发展速度较快

2014—2019年，得益于"互联网＋电商"农产品产销模式蓬勃兴起以及国家精准扶贫一系列扶持政策支持，我国百香果产业发展全面加速，产业链不断健全，产量明显增长，全国产量超过60万吨。广西的百香果产业也是在这一时期快速发展起来的，广西成为全国面积和产量最大的百香果省级产区（图1、图2）；地处桂东南的玉林市则在这一时期借助农业电商迅猛发展，以线上的"销"促线下的"产",带动大量农户发展种植,逐渐发展成为全国最大的百香果地市级产区。

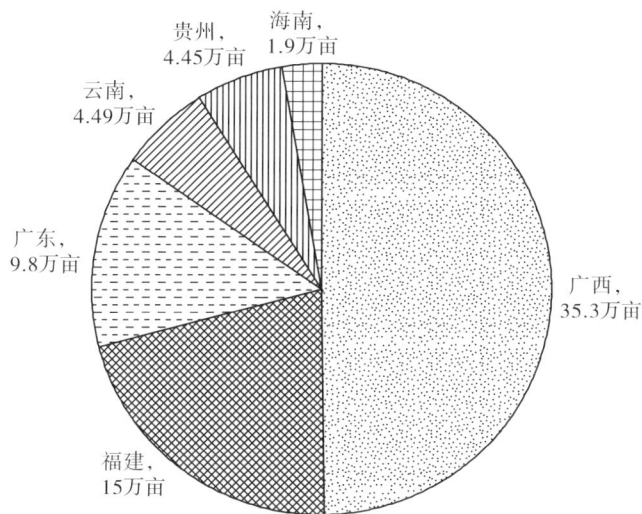

图1 2018年全国百香果种植面积分布

资料来源:中国热带农业科学院。

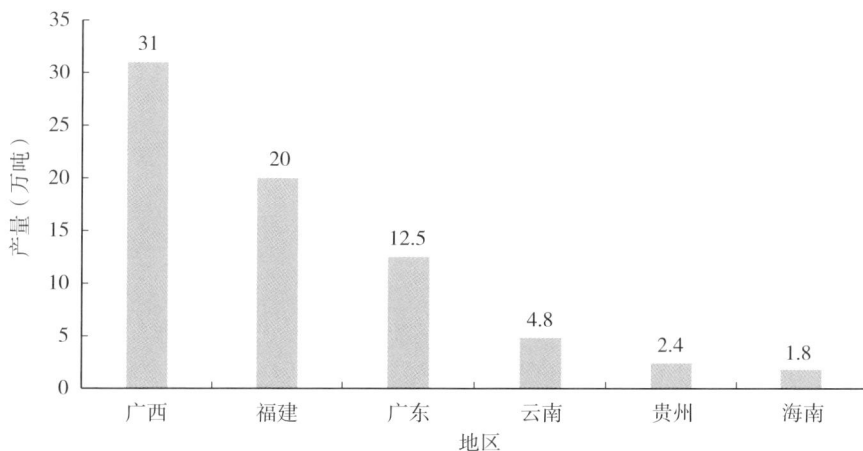

图2 2018年全国百香果产量分布

资料来源:中国热带农业科学院。

二、玉林百香果产业发展的实践经验

（一）做大产业规模

一是做大生产规模。"十三五"以来，玉林市把百香果产业作为当地农业高质量发展的特色产业、新兴产业、优势产业和巩固拓展脱贫攻坚成果的重要产业来做大规模，全市百香果在2019年时发展到种植面积11.4万亩、产量5.3万吨、从业人数近5万人，面积、产量、从业人数稳居全区第1位，线上销量占百香果全网总销量的七成以上。

二是发展产业龙头。玉林市百香果产业协会发挥行业协会龙头作用，2021年带动全市种植百香果面积16万亩、总产量32万吨、总产值近20亿元，培养农村百香果经纪人1 200多名。位于北流市的广西宏邦食品有限公司是全国最大的百香果汁饮料生产企业，通过深加工对百香果进行产业链增值，玉林当地种植的百香果原来每亩产值5 000元，加工成饮料后可实现增加利润1.93万元，加上果皮果核的综合利用加工，增加总利润可超过2万元。

三是提升全国地位。玉林百香果产业的面积、产量、电商销售额等在全国的占比保持领先，玉林成为全国百香果产业链条集聚度最高的地区，有力支撑了玉林百香果在全国的产业地位不断提升。2017年，中国果品流通协会授匾命名"北流市百香果中华名果"；2018年，阿里巴巴集团天猫电商平台授予"北流市百香果消费者最喜爱原产地奖"；2019年，玉林百香果获国家邮政局授予"2018年快递服务现代农业金牌项目"称号（是当年广西唯一获此殊荣的水果产品）；2020年，国家农业农村部正式批准对"北流百香果"实施农产品地理标志登记保护；2021年，经自治区农业农村厅评审，"北流百香果"入选广西农业品牌（"广西好嘢"）目录区域公用品牌。

（二）发展多元经营

一是突出全产业链多元化。玉林百香果产业聚焦全产业链的发展方向，注重规模增效、加工增值、营销增收，布局了一批前端种业和种植、中端加工和流通、后端品牌和营销的项目，目前整个产业链条已经涉及种植、果汁加工、鲜榨果浆及物流、包装等全产业链环节，初步形成了集种苗选育、技术推广、电商营销、品牌建设、产品加工于一体的产业集群发展格局。

二是突出经营主体多元化。全市围绕百香果有上规模的果汁、饮料加工企业4家、生产包装保鲜材料用品企业6家、物流快递企业54家，年生产果汁、饮料等产品的加工产能达2万吨以上，深加工产品包括果汁、果浆、果脯、果冻等10多种，从事百香果产销、加工、包装、运输的就业人员达3.3万多人。此外，围绕玉林百香果产业的社会化服务组织蓬勃发展，商团产业联盟会、电商协会、果业公司、种植专业合作社等20多家民营组织成为引领和服务玉林百香果产业发展的中流砥柱。

三是突出经营方式多元化。玉林百香果产业以电商为纽带实现多元化经营，采用"电商+生产基地+农户""加工企业+电商+基地+农户""电商+物流公司+基地+农户""合作社+电商+农户"等多元化的产业化经营模式，建设百香果电商小镇，还大力举办了"百香果电商文化旅游节"等系列产销推介活动。全市经营百香果快递业务的电商公司有300多家，实现乡镇覆盖率达100%。

（三）打造优势产区

玉林百香果产业近年来得到了较快发展，在全市各县市区均有种植，一些县市区还专门出台了政策文件促进百香果种植上规模、加工上水平，并逐渐形成了北流市和博白县两个优势产区。

北流市成为全国最大的百香果生产区和全国最大的百香果电商物流集散中心，百香果产业实现了6个全国第一，即全国百香果电商销售网上第一份购果订单出自北流、全国百香果电商销售鲜果份额全国第一、全国百香果电商销售鲜果单日销量全国第一、全国单条生产线一分钟产百香果汁生产速度全国第一、企业建造百香果深加工基地投入百香果制品资金全国第一、全国第一个"中国百香果之乡"县域。2020年，北流市22个镇均种植有百香果，其中面积超过2 000亩的有10个镇；种植农户超过3万户，种植面积7.28万亩、占广西的13.69%、占全国的9.3%，产量4.37万吨、占广西的12.28%、占全国的6.5%，产值14.88亿元、占广西的30.75%、占全国的37.2%。

博白县以县人民政府办公室名义出台了《2018—2019年博白县推广规模种植牧草、百香果等农作物的实施方案》，大力支持发展百香果规模种植，对连片种植3亩以上的进行土地流转租金补助，全县百香果种植面积在2020年时已达2.71万亩，带动8 000多户脱贫户进入百香果种植、加工、物流、销售等产业链环节实现增收致富。

三、玉林百香果产业发展存在的问题

（一）生产方面，面临着不可忽视的品种技术问题

在品种上，玉林百香果的种苗生产混乱，还存在源头品种不纯与带毒苗问题，还没有形成相对统一的区域主导品种，选育推广耐寒抗病品种和繁育脱毒苗迫在眉睫。在技术上，绿色栽培技术、病虫害防控与采收贮运技术等还需要加强培训和示范，高效精简栽培技术的集成与推广仍是产业发展的瓶颈。在生产管理上，经营主体的精细化与标准化管理意识差，还存在认为只要种出果就不愁卖的种植户，产业发展过于粗放，种植管理水平较低。品种、技术和生产管理上存在的问题，造成玉林百香果果品参差不齐，一些鲜果卖相不好、一些基地产量偏低。

（二）销售方面，面临着亟待解决的内部无序竞争

由于玉林市的百香果种植总体上仍处于散、小状态，电商普遍依赖中间商收果。而一些处于垄断地位的中间商既压果农的价格、又抬升卖给电商的价格，将很大一块利润留在了中间商环节，造成种、销两端的效益都低。而电商之间，普遍缺乏品牌销售意识，相互之间为了争夺市场份额而大打价格战，压低销售价格，造成产品市场形象趋向弱化。

（三）市场方面，面临着不进则退的外部扩张竞争

随着百香果产业"得价"和"得市场"双重利好的局面持续显现，全国热区都在加大发展百香果产业的力度，全面进入争抢百香果市场的行列。从广西范围看，全区14个地级市均把百香果作为加快发展的产业，其中贵港市自2017年以来出台了百香果三年发展规划、制定了广西首个富硒百香果标准化栽培技术规程，已经发展到10万亩种植规模。从全国范围看，不但福建省、广东省、云南省、贵州省、湖南省等纬度较低的传统主产区在大力发展百香果产业，就连纬度较高的江西省、湖北省、四川省、重庆市等省市也在布局百香果规模种植，不少在玉林本地发展不佳的百香果种植商、电商开始转移到其他新兴产地投资经营。

四、玉林百香果产业发展的对策建议

（一）构建集群化、全链化、品牌化的产业体系

一是高质量打造玉林百香果产业集群。立足玉林百香果产业基础和电商优势，根据《玉林市做强做大十大重点农业产业链工作方案》的部署，科学制定百香果产业发展规划，进一步强化对百香果产业的政策支持，加速要素汇聚、加强服务配套、加大创新驱动、加码品牌赋能、加快全链开发，推进玉林百香果产业实现产业基础高级化和产业链现代化的能级"裂变"，打造形成特色更明显、体系更完整、集聚度更高、成长性更优、竞争力更强、带动力更大的

产业集群，力争产业面积、产量、产值保持广西最大。创新打造百香果产业链金融，引导和鼓励金融机构加大对百香果企业的信贷支持力度，深入开展"一对一"的银企对接，降低涉农信贷资金投放门槛并增加投放额度、拓宽投放范围、延长投放期限，帮助百香果企业解决资金不足问题。

二是高质量打造玉林百香果全产业链。围绕市场需求升级，推进玉林百香果产业延链补链强链，加快一二三产业融合发展。大力发展玉林百香果精深加工，引进和壮大一批专攻百香果精深加工的加工型企业，支持百香果企业与科研机构、研究团队合作研发新工艺、新产品，开发果汁饮料、果酱、果酒、冻干果、护肤品等新产品，开展提取色素、果胶加工等综合利用加工。创新推进玉林百香果融合农文旅发展，创建一批集休闲度假、旅游观光、养生养老、创意农业、农耕体验为一体的百香果产业观光园区。

三是高质量打造玉林百香果品牌形象。以"北流百香果"地理标志认证为核心，提升打造单品类、全链条公用品牌，构建玉林百香果产业品牌矩阵。引导有品牌、有实力的知名企业，通过品牌嫁接、资本运作、产业延伸等途径，打造百香果龙头企业和领办百香果品牌联盟。委托第三方专业机构提供系统的品牌战略顶层设计和营销运营，全方位提升玉林百香果产业的品牌形象和市场价值。强化品牌引领作用，把有产地属性的"特品"、有品质保障的"优品"升级为有品牌加持的"名品"，实现从"卖果"到"卖品牌"的产业竞争力和溢价能力提升。

（二）构建规模化、绿色化、科技化的生产体系

一是大力发展适度规模经营。以提升种植基地规模化水平为发

展方向，加大对发展百香果规模种植的支持力度，鼓励有条件的县市区设立百香果产业发展基金，对连片面积达到一定规模的经营主体给予土地流转租金补助。以政策和补贴为导向，推动全市百香果种植加工向园区集中，重点布局建设10个百香果产业园区基地项目，项目采取市场运作、业主负责、社会投入、政府扶持的办法，鼓励村级集体经济参与投资和运营，探索社会资本、集体经济、农户个体等多种经济成分合作建设规模化生产基地。

二是大力推广绿色生产方式。改变过去相对粗放的发展方式，推行精细化的生产管理，建设一批现代标准果园和标准化生产基地，实施标准化的规模种植，采用绿色化的病虫害防控技术，不滥用除草剂、化肥、农药等农业投入品，在保护果园生态环境的同时，提高挂果率、商品果率和果实品质。结合桂东南地区气候、土壤等资源特点，在合适的区域建设集中连片、规模适度、链条完整的玉林百香果产业标准化生产示范带。建立完整的质量标准、检验检测体系，引导龙头企业严格执行国家农产品质量标准，鼓励和支持龙头企业带动规模基地实施全链条标准化生产，杜绝无标生产和不合格产品流入市场。

三是大力加强品种技术支撑。实施百香果种子种苗保障工程，建立百香果标准化种苗繁育中心，布局建设一批脱毒种苗繁育基地，加大百香果种质资源的收集、保护和利用力度，推动玉林本地农业科研机构开展百香果新品种的选育和推广工作，全力确保供应当地的种苗品质和品种纯度。推动龙头企业与行业协会、涉农院校、农技部门、科研单位组成产学研联合体，开展百香果良种良法配套集成，特别是加强百香果高产高效栽培管理技术的全面推广与应用，力争在良种选育、精深加工技术集成、标准化生产模式推广等方面取得突破。

（三）构建产业化、社会化、人才化的经营体系

一是提升产业化经营水平。引进和培育一批经济效益好、驱动能力强、生产管理规范以及集科技、生产、加工、销售、休闲于一体的百香果三产融合龙头企业，鼓励国有企业、政府平台企业、民营企业等通过多种途径创办百香果龙头企业，持续扶持农村电商发展，加大产业链精准招商力度，吸引更多有实力的企业到玉林投资发展百香果产业。加强龙头企业联农带农，建设电商企业示范基地，优化电商带动农户发展种植的产业化模式，实行订单式生产和营销。推动组建由科研、种苗、种植、加工、销售等环节共同组成的玉林百香果产业联盟，促进产前、产中、产后各企业形成利益联系紧密的产业链闭环。

二是提升社会化服务水平。充分发挥行业协会的引导和纽带作用，引导玉林市百香果产业协会、北流市百香果产业协会等行业协会规范化发展，并帮助企业、果农解决发展中遇到的技术壁垒、资金困扰、销路不畅、同质竞争等问题，促进形成互利共赢、共享共生的良好产业环境。支持百香果社会化服务组织发展壮大，为小农户种植百香果提供脱毒种苗供给、绿色防控、水肥管理等生产服务和统一品牌、统一收购、统一电商等市场服务。

三是打造高素质人才队伍。实施百香果产业人才计划，多渠道引进高层次产业经营人才，多层次培养高素质产业从业人员，有计划地引进和培养一批百香果栽培技术能人、企业管理人才、精深加工人才、市场营销人才。实施百香果产业技能培训行动，加强百香果从业人员科技素质和劳动技能培训，在高素质农民培育项目中加入百香果产业技能培训内容，在全市培育形成一批熟练掌握百香果新品种配套栽培技术的高素质果农。

玉林食用菌产业发展报告

食用菌是利用秸秆、木屑、玉米芯、棉籽壳等农林下脚料所生产的高蛋白、低脂肪、低热量的农产品，干重的蛋白质含量约为30%～50%，所含氨基酸的种类包括20种基本氨基酸和8种必需氨基酸，有着较高的产业发展价值，食用菌产业是坚持大食物观背景下构建多元化食物供给体系的重要载体。食用菌产业是玉林市的优势特色农业产业，以不与人争粮、不与粮争地、不与地争肥、不与农争时、不与其他产业争资源的"五不争"特性和生产周期短、平、快的特点，在脱贫攻坚和乡村振兴中得到快速发展。

▌ 一、玉林食用菌产业发展的背景研究

（一）我国食用菌产业发展的背景情况

我国是年产量占世界总产量75%的食用菌生产大国，随着人工栽培技术的进步以及市场消费需求的升级，进入商业化栽培的食用菌品种越来越多，食用菌产业实现了快速发展。全国食用菌年产量从1978年的5.80万吨，到1990年时突破100万吨，到2003

40

年时突破1 000万吨，再到2020年时达到4 061.43万吨，40余年间增幅近700%，已发展成为我国种植业领域的大产业。在栽培品种方面，我国食用菌主栽品种达70～80种，其中具有一定生产规模的有近30种。在栽培方式方面，杏鲍菇、金针菇、真姬菇、双孢蘑菇主要采用工厂化生产方式，实现产品周年供应和产量稳定，这4个品种产量占全国食用菌总产量的16.87%；其余品种主要采用传统农法栽培，产量占全国食用菌总产量的83.13%。在栽培区域方面，全国大多数省份均有栽培，其中2020年产值超100亿元的有15个省份、产值超50亿元的有5个省份，产业重心整体上呈现由沿海地区向内地转移、由东部地区向中西部地区转移的态势。

（二）广西食用菌产业发展的背景情况

广西栽培食用菌有着较长的历史。在唐代的时候，就已经开始人工栽培香菇；在宋代的时候，有了木耳椴木栽培食用菌；到了清代，容县、平南县一带将桑、樟、枫等木截成尺许，置放阴地，浇米浆栽培食用菌；民国时期，食用菌栽培扩及广西多地，并出现了加工贸易，并据民国《广西年鉴》（第二回）记载，溜江盛产草菇，20世纪30年代粤商设庄收买，制成罐头远销港澳。广西发展食用菌产业有着较好的条件。甘蔗、桑枝、木薯等适合用于食用菌栽培的原料十分丰富，气候温润、雨水充沛、干湿分明等气候条件能满足大多数食用菌品类的人工栽培要求，发展秋冬种菇、实现周年生产的天然优势全国少有。2020年，广西食用菌总产量110.26万吨，列全国第15位，同比增长43.67%，增长率居全国首位。

（三）玉林食用菌产业发展的历史进程

玉林市食用菌商品化生产在广西、全国起步较早。20世纪70年代，玉林通过示范推广制种、栽培新技术扩大食用菌产量，生产的蘑菇罐头成为出口创汇重要产品；1989—1994年，因受到出口受阻、国企改制等影响，玉林食用菌生产呈现停滞减缓的萎缩状态；到1995年以后，得益于国内外市场恢复的需求拉动，玉林食用菌生产逐渐恢复，并逐渐发展成为当地的优势特色农业产业；党的十八大以来，玉林食用菌产业进入快速稳定的提升发展阶段，以双孢蘑菇、秀珍菇、木耳、平菇、红菇等品种为主，灵芝、大球盖菇、杏鲍菇、茶树菇等品种多样化发展的生产格局逐步形成，全市食用菌栽培面积在2021年时达到431公顷、产量达到4.86万吨、产值达到4.79亿元。

二、玉林食用菌产业发展的实践经验

（一）科技创新持续增强

充分发挥玉林市微生物研究所、广西食用菌创新团队桂南综合试验站以及各县市区经作站的技术力量，大力开展食用菌科技攻关，提升玉林食用菌产业的科学生产水平。2020年以来，全市引进、培育、保藏、推广的食用菌品种达50余种、菌株达140多株，推广食用菌精深加工技术、食用菌智能调控生产技术等有应用价值和推广前景的科技创新成果13项，获得授权的"食用菌用喷水装置"等专利技术6项，编印并向农民群众发放技术丛书1套6册，立项实施"灵芝科技产业化支撑乡村振兴关键技术研究与示范"等科研项目9项，为推动玉林食用菌产业高质量发展提供了强有力的科技支撑。

（二）品牌打造效益显现

玉林食用菌产业早期只有菌种品牌，但缺少企业品牌和产品品牌。近年来，玉林食用菌产业坚持走品牌化的发展路线，在做大做强"玉微牌""竹山牌""兴忠牌"等多个食用菌菌种品牌的同时，重点打造了"帅菇""益康菌业""秀冠秀珍菇""福兴秀珍菇""玉光蘑菇""健勇木耳""容县红菇"等一批企业品牌和产品品牌。其中，玉林市益康菌业有限公司注册的"帅菇"牌，主要销售灵芝片、灵芝孢子粉、灵芝茶、秀珍菇休闲食品等食用菌精深加工产品，产品的市场价值较高，在市场上形成了较好的影响力；广西兴业福兴食用菌发展有限公司打造的"秀冠秀珍菇"品牌，产品热销华南地区。通过健全品牌体系、树立品牌形象，进一步增强了玉林食用菌产品的市场竞争力，有效实现了以品牌赋能提高产业效益。

（三）产业帮扶作用突出

玉林食用菌产业在脱贫攻坚期产业扶贫和巩固拓展脱贫攻坚成果衔接期产业帮扶中发挥了积极作用，探索创新产业联农带农的投入机制、发展模式、分红模式，走出了一条"资金变股金、农民变股民"的产业帮扶之路，成为玉林市打赢精准脱贫攻坚战和全面推进乡村振兴的重点产业之一。玉林食用菌产业的联农带农和助农增收效果十分明显，直接受益脱贫户达1 145户以上，脱贫户通过产业分红年均增收2 000元左右。重点在兴业县卖酒镇、城隍镇建成食用菌产业帮扶示范基地2个，探索推广产业帮扶模式5种；其中兴业县卖酒镇扶贫产业园秀珍菇基地占地面积约50亩，已建成标准出菇大棚12座、冷藏保鲜库2个，年产秀珍菇菌包90万袋，年产鲜菇40万公斤、产值400万元，提供岗位50多个优先吸纳脱贫户就业，帮助脱贫户实现务工就业月收入3 000元以上。

（四）园区创建取得进展

玉林食用菌产业加快往园区化方向发展，以园区为平台促进主体、资金、要素向食用菌产业集聚。重点创建了玉州区菌善菌美生态循环农业现代化示范区，在2021年通过自治区验收并被认定为四星级现代特色农业（核心）示范区，成为示范引领桂东南地区食用菌经营组织化、装备设施化、生产标准化、要素集成化、特色产业化发展的标杆。玉州区菌善菌美生态循环农业现代化示范区建成产业展厅1个、菌包自动生产线1条、智能出菇大棚10座、产品加工生产线6条、产品包装储存车间1座。以生态循环农业全产业链为核心，布局建设了基料化资源化综合利用区、食用菌标准化生产区、"食用菌+农产品"精深加工区和"早稻+晚稻+马铃薯"一年三熟基地，以"一链三区三熟"的产业布局实现以食用菌生产为核心的一二三产业融合发展。玉州区菌善菌美生态循环农业现代化示范区年生产食用菌280万棒以上，实现人均年收入超2万元，直接带动4个脱贫村，直接受益416户脱贫户，并通过推广"公司+基地+农户"产业化模式，带动周边5 000户以上农户发展食用菌栽培。

（五）基地示范多点开花

玉林食用菌产业在发展过程中，还十分注重产学研联合，以玉林市微生物研究所为技术支撑，与企业、农民合作社等合作建设示范基地，把最新的科技创新成果及时转化应用到生产上，通过在示范基地示范推广良种良法，辐射带动全市食用菌产业高质量发展。全市围绕秀珍菇高效生产、双孢蘑菇智能温控周年生产、毛木耳高效生产、野生红菇促繁、食用菌精深加工、食用菌生态循环应用、食用菌本土原料供应等七大方面，已经建设了一批科技含量较高的食用菌生产示范基地（表1）。

表1 玉林食用菌产业示范基地建设情况

示范基地	经营主体	发展情况
秀珍菇高效生产示范基地	广西兴业福兴食用菌发展有限公司	基地位于兴业县大平山镇，占地面积200亩，总投资3 000万元，建成现代化生产大棚16 000平方米、产品加工及冷库包装车间200平方米，实行专业化、标准化、规模化栽培。已获得秀珍菇绿色食品证书，主要应用整棚温差刺激出菇技术、绿色高效栽培技术。2021年，共栽培310万袋秀珍菇（品种为"台秀57"），产鲜菇1 400吨，产值1 260万元，直接带动劳动就业120多人
双孢蘑菇智能温控周年生产示范基地	玉林市玉光食用菌有限公司	基地集成创新双孢蘑菇栽培技术，应用高效节能隧道发酵技术、培养料二次发酵技术、栽培全过程机械化技术、栽培菇棚智能温控技术和本土原料栽培技术等。采用稻草高产配方和杏鲍菇渣配方进行栽培，应用本土富余的原料，降低生产成本，提高经济效益。每间智能数字化菇房有效种植面积500平方米，示范栽培"双孢蘑菇W192"，每茬产量7 500公斤、产值7.5万元、利润3万元，能够实现年产4茬，总利润12万元。现有智能数字化菇房15个，年产值450万元，净利润180万元

（续）

示范基地	经营主体	发展情况
毛木耳高效生产示范基地	广西健勇木耳栽培专业合作社	基地集成与创新应用钉型菌种、水冷控制、高压雾化等技术，突破传统栽培方式，实现高效生产毛木耳。年生产菌棒150万棒，鲜品产量120万公斤，产值600多万元，带动发展周边贡塘村、凉亭村两村的农户30多户种植毛木耳。生产的食用菌产品以鲜销为主，主要在南宁、柳州、桂林等地销售
野生红菇促繁示范基地	在容县多家经营主体推广	野生红菇是一种珍稀名贵野生食用菌，目前无法进行人工栽培。玉林市适合红菇生长的环境主要集中在容县，经研究探索发现，采用合理措施能促进野生红菇繁育。通过推广红菇人工增产技术，以及采用科学方法管理保护菇场山林生态环境等农业综合措施，提高野生红菇产量和品质，促使野生红菇产区扩大、产量增加，提高野生红菇干品质量，实现了良好的经济效益和生态效益
食用菌精深加工示范基地	玉林市益康菌业种植有限公司	基地积极开展产学研合作，成功转化10多项技术成果，应用菌包自动化生产、智能远程定向喷雾、食用菌精深加工等先进技术，建立了食用菌精深加工线3条，研发出秀珍菇脆、破壁灵芝孢子粉、灵芝米粉、灵芝功能酒、有机肥等10多种在市场上享有盛誉的产品，实现了玉林市菌包生产线全自动化和食用菌精深加工零的突破
食用菌生态循环应用示范基地	陆川县奔驰家庭农场	基地由食用菌生产示范区、高架养猪场和水果生产示范区组成，猪场距离食用菌场地500米，集成推广食用菌生态循环应用技术模式，采用"食用菌+生猪养殖+果蔬种植"种养配套生态循环技术。具体做法是，将果树砍伐枝条粉碎作为食用菌栽培原料，食用菌菌渣和高架养猪场猪粪混合并添加微生物菌剂发酵后用于种植果树，实现减少排放污染和生态循环平衡

（续）

示范基地	经营主体	发展情况
食用菌本土原料供应示范基地	玉林市喜盈田农业有限公司	基地建成生产线2条，将龙眼和荔枝等果树砍伐枝条、农作物秸秆、桉树皮等本地丰富的农林废弃物料，加工成标准、优质的食用菌栽培原料，实现了玉林食用菌产业本土原料供应，大大降低了玉林食用菌产业的生产成本，带来的节本增效作用十分明显

资料来源：玉林市微生物研究所。

三、玉林食用菌产业发展存在的问题

（一）规模化基地用地难

玉林食用菌产业要进一步做大做强，面临着发展规模化生产用地难的问题。食用菌产业新建或扩建工厂化生产高标准厂房、大棚等生产设施，要通过较为复杂且流程较长的用地审批，涉及的农地、林地分属农业、林业、自然资源等部门审批。如玉林本地的玉林市益康菌业、北流市健勇木耳合作社等经营主体的土地问题迟迟得不到有效解决，影响了食用菌产业的健康发展。

（二）专业化技术人才缺

玉林食用菌产业要进一步做大做强，面临着缺乏技术人才的问题。新品种新技术的示范推广直接影响到玉林食用菌产业向高质高效转型升级，是实现高质量发展的关键所在。目前，玉林市专门从事食用菌技术示范推广工作的专业技术力量较为薄弱，仅市一级设立了微生物研究所，在县一级没有专业化的科研推广力量，企业、合作社等经营主体更是缺乏专业技术人员，全市食用菌技术人才队伍不够完善，严重影响了食用菌新品种新技术研发、集成和应用。

（三）产业化发展程度低

玉林食用菌产业要进一步做大做强，面临着产业化发展程度还相对较低的问题。全市虽建成了一批食用菌生产示范基地，打造了自治区级的现代特色农业（核心）示范区，但仍有很多处于小而散的分散经营状态，这些分散经营的食用菌主体缺乏现代化的生产技术和先进的生产线，原料供应、菌种质量、生产标准、产品品质等难以有效保障，产品加工、品牌增值、市场营销等自身能力较弱，不利于整个玉林食用菌产业实现高质量发展。

四、玉林食用菌产业发展的对策建议

（一）构建支持力度更大的产业发展环境

一是加大政策支持力度。把食用菌继续作为玉林市优势特色农业产业加以发展，在编制农业规划、制定农业政策、安排农业项目时进行统筹安排和予以必要保障，充分发挥食用菌在巩固拓展脱贫攻坚成果和全面推进乡村振兴中的重要作用。研究制定支持食用菌产业发展的专项政策，加强生产体系、产业体系和经营体系各方面的保障力度，相关部门要明确食用菌栽培和加工在用电、用水、修路、网络通信以及投融资、信贷担保、税收等方面的优惠政策和措施，支持符合条件的食用菌企业申报自治区级、玉林市级农业产业化重点龙头企业。

二是加大投入支持力度。加大财政投入对食用菌产业发展的杠杆作用，市县两级财政每年适当安排专项资金用于扶持食用菌全产业链建设和设施化提升。支持食用菌领域创新发展投入，通过财政项目资金撬动企业对食用菌生产进行创新研发投入和设施智能化升级，重点扶持良种繁育、工厂化设施、加工设备的基础建设和技术改造。将食用菌产业项目作为衔接资金重点扶持范畴，在全市范围内布局建设一批以食用菌为主导产业的联农带农项目。

三是加大用地支持力度。严格对照国家和自治区的最新政策，结合玉林食用菌产业发展需要，做好土地利用总体规划与农业产业规划等相关规划的衔接，加强农业农村部门与自然资源部门的沟通协调，整合、落实更多符合相关要求的农业设施用地指标，用于保障玉林食用菌产业升级发展的用地需求。鼓励和支持村集体盘活利用荒地、滩涂、坑塘水面以及低效闲置建设用地等非耕地，与有实力、有技术、有市场的龙头企业拓展发展设施食用菌产业。

（二）构建支撑作用更强的产业发展要素

一是加强品种技术支撑。依托玉林市微生物研究所和广西食用菌创新团队桂南综合试验站，建设食用菌优良菌种繁育中心，扶持现代菌种企业发展壮大，推进育繁推一体化发展，打造在广西有较大影响力的市级微生物科技创新高地。稳定优化双孢蘑菇、毛木耳、平菇等传统优良品种，提升发展秀珍菇等中高温特色品种，示范推广灵芝等食药兼用珍稀品种，建设菌种生产供应基地，发展菌种菌包一体化经营，力争全市食用菌产业良种覆盖率不断提升。加强玉林野生菌种的收集、选育、驯化，做好品种登记工作，力争育成更多具有自主知识产权的优良新品种。开展新特优稀品种引进、试验、筛选、提纯复壮及示范推广，推进高产高效栽培技术攻关，加强良种良法配套集成。

二是加强专业人才支撑。加强对食用菌学科带头人、产业领军人才的培养力度，增强玉林食用菌产业的人才"头雁"引领作用。加强对食用菌基层技术人员和"土专家"的培养力度，广泛收集各食用菌生产企业（合作社）、种植大户以及县乡农业技术推广人员的需求意见，订单式开展食用菌先进适用技术培训，培训内容重点向菌种生产、品种选育、精深加工、鲜品保鲜等方面倾斜，进一步提升食用菌从业人员的技术能力和基层食用菌科技推广队伍的指导能力，形成由市、县、乡镇三级人才梯队组成的玉林食用菌产业专业人才方阵。

三是加强设施装备支撑。围绕食用菌产业基础高级化和产业链现代化，大力推进玉林设施食用菌发展，重点发展设施食用菌工厂化制种、设施化栽培、智能化管理，依托龙头企业、合作社新建、扩建一批食用菌工厂化菌包（棒）生产、出菇高标准厂房及标准化出菇大棚等设施，引导已建成的七大示范基地向设施化升级，把玉林打造成为广西的食用菌工厂化生产优势区。

（三）构建生产环节更长的产业发展链条

一是推进全链化发展。做优全产业链发展的加工环节，在生产集中区域，布局建设一批贮藏、烘干、净化、分等分级等食用菌产地初加工设施；围绕开发即食食品、保健食品、功能产品、调味品、饮品等食用菌高附加值产品，招商一批精深加工企业，引进一批精深加工生产线，落地一批精深加工项目。培强全产业链发展的经营主体，引育加工型龙头企业，培植创新型龙头企业，发展流通型龙头企业，加强龙头企业、行业协会、专业合作组织的联合，探索设备资源共享和产、供、销有效链接的产销共同体模式，建立市场主体与小农户利益共享、风险共担的利益联结方式，不断提高玉林食用菌产业的产业化水平和助农增收效益。

二是推进品牌化发展。持续做大玉林食用菌菌种品牌，大力推动玉林食用菌的企业品牌和产品品牌扩大规模，整合市场资源和科研力量谋划打造玉林食用菌区域公用品牌，积极挖掘玉林食用菌的历史和文化，构建形成有一定影响力的玉林食用菌品牌体系。深度开发容县野生红菇等特色食用菌资源，大力发展灵芝、桑黄等食药兼用珍稀品种，打造一批高端精品干品和精深加工产品。加强食用菌标准化生产，推进食用菌绿色农产品、有机食品、地理标志农产品和富硒农产品创建工作，以品质提升来塑造玉林食用菌品牌的核心竞争力。加大玉林食用菌品牌宣传和品牌营销力度，将食用菌产业列为玉林市农业品牌建设的重点产业之一，全面树立玉林食用菌品牌形象。

三是推进园区化发展。继续坚持园区化的发展方向，以创建各层次园区促进玉林食用菌产业基地提档升级。推动玉州区菌善菌美生态循环农业现代化示范区持续高水平建设，支持各食用菌生产企业以规模化食用菌生产基地为基础积极创建各类农业园区，探索创新建设食用菌文创园、食用菌研学基地，推动产业要素、产业环节、产业主体和新兴业态以园区为平台集聚集群，促进玉林食用菌产业"接二连三"和三产融合发展。

玉林三黄鸡产业发展报告

玉林市养殖三黄鸡历史悠久，由于独特的气候、水质和土壤条件，所养殖的三黄鸡品质独特、质量优良，是全国最大、最集中的优质三黄鸡养殖地，是著名的"中国三黄鸡之乡"。近年来，玉林市抢抓农业供给侧结构性改革和肉鸡养殖产业链供应链转型机遇，大力推进广西（玉林）三黄鸡优势特色产业集群建设，推动三黄鸡产业良性健康发展，成为支撑广西农业强区建设的优势产业。

一、玉林三黄鸡产业发展的背景研究

（一）玉林三黄鸡的悠久历史

玉林三黄鸡属肉用型品种，因羽黄、嘴黄、脚黄而得名，以外观美、肉质嫩、味道香、营养好而闻名于世。玉林市在三黄鸡养殖方面有着悠久的历史，且品种优良、品质上乘、规模庞大，三黄鸡养殖传统在当地历史进程中得到了较好的传承和发展。玉林市是优质三黄鸡的重要发源地之一，玉林三黄鸡在清朝道光年间就有养殖记载，现已逐步发展成为中国名鸡品种和国鸡主导品种，主要分布在我国岭南地区，重点产区在广西、广东两省区。玉林市当地以及周边的广东省在日常餐饮中有着吃鸡的习惯，而玉林三黄鸡作为两广"无鸡不成宴"菜谱中的"白切鸡"食材，深受当地群众和粤港澳等地消费者喜爱。

（二）玉林三黄鸡的品种特性

玉林三黄鸡在不断驯化和养殖过程中，经过长期放养和提纯选育、品种杂交等，品质不断提高且逐渐形成了优良的品种特性。从外观看，玉林三黄鸡脚矮细、头小、颈细、单冠，虽然体形矮小，但体质结实、结构匀称、皮毛紧凑有光泽；从养殖看，耐粗饲，抗病力强，性情温驯，适应性强，放养和笼养都适宜，且容易管理；从生产周期看，成熟期为5月龄，一般饲养4～5个月，项鸡（未产蛋母鸡）重1.25公斤左右，公鸡重1.75公斤以上，项鸡屠宰率为68.6%～73.6%，阉鸡屠宰率为71.2%～71.9%，骨肉比一般在1∶3至1∶4之间；从环境要求看，三黄鸡生长环境温度在20～21℃为宜，育雏期鸡舍内温度每天要上下波动1～2℃以造成适当温差进而刺激食欲，育雏第一周鸡舍内要保持56%～70%的稍高湿度以防止雏鸡脱水，加强通风换气且鸡舍内氨气浓度不宜超过20毫升/升；从食材口感看，三黄鸡吃起来骨细皮薄、肉质细嫩、香味浓郁，是肉鸡中的佼佼者。此外，玉林市还是全国最大的三黄鸡育种基地和鸡苗供应基地，在全国畜禽资源遗传调查中广西有地方畜禽品种品系35个，其中玉林地方品种三黄鸡就占了8个。

（三）玉林三黄鸡的产业沿革

玉林三黄鸡产业自20世纪90年代以来，从有到大，再从大到强，发展过程大致可分为3个重要阶段。

第一个阶段是20世纪90年代初期，这是玉林三黄鸡产业发展的起步阶段，这一阶段的主要特征是逐步实现规模化养殖、成为当地主导产业。在这期间，实施了"大棚舍养鸡（三黄鸡）综合技术开发"等一批引领三黄鸡向规模养殖发展的项目，鼓励和引导一批经济能人向山地、林果地进军，建设具有一定规模的鸡场，并用专业饲养管理技术取代了天然放养的传统模式，玉林三黄鸡养殖由传统粗放、自给自足的小农经济开始向规模化、集约化的方向发展。

第二个阶段是1995—2020年，是玉林三黄鸡产业加速壮大的蜕变阶段，这一阶段的主要特征是逐步实现产业化经营、成为当地优势产业。玉林市在1995年引进广东温氏集团落地设立了全国首家分公司，开始在全市范围大力推广"公司＋农户"产业化模式，由龙头企业提供种苗、饲料、饲养、防疫等全程服务和推行标准化生产，而农户则以场地和生产管理参与到产业链供应链之中形成抱团发展的局面。在"公司＋农户"基础上，玉林市持续健全完善三黄鸡产业化发展模式，做大三黄鸡产业链条，涌现出了温氏、参皇、巨东、春茂等三黄鸡养殖龙头企业，全市三黄鸡年出栏量在2005年时已实现过亿目标、达到1.05亿羽，成为全国最大、最集中的优质三黄鸡养殖地级市。

第三个阶段是2020年以来，是玉林三黄鸡产业转型升级的涅槃阶段，这一阶段的主要特征是逐步实现集群化发展、成为全国性产业集群。2020年，以玉林三黄鸡为主导的广西三黄鸡产业集群入围农业农村部、财政部批准建设的国家级优势特色产业集群名单，三黄鸡与罗汉果一同成为广西最早获批创建国家级优势特色产业集群的两个产业。这也标志着玉林三黄鸡产业进入了优势重构、链条重塑、集群发展的转型升级全新阶段，通过重点推进标准化养殖、精深加工、品牌营销和布局全国市场，提升产业集群综合生产能力，推进玉林三黄鸡全产业链高质量发展。当前，广西养殖的三黄鸡中，每3只里就有1只产自玉林；玉林三黄鸡在粤港澳地区保持着较强的市场竞争力，市场占有率在30%～40%。

二、玉林三黄鸡产业发展的实践经验

（一）以产业集群为引领，提升打造大产业

作为广西三黄鸡产业集群的主导申报市，玉林市以国家级优势特色产业集群建设为引领，大力推进三黄鸡产业向产业集群高质量发展。通过国家级优势特色产业集群建设，玉林市全国优质三黄鸡养殖基地"领头羊"地位进一步突显，全市常年存栏种鸡560万套，年出栏鸡苗6亿羽，年出栏肉鸡2.6亿羽，形成链条完整、龙头强劲、效益明显的产值超百亿元优势特色大产业。

一是高效率使用资金。2020—2022年，广西（玉林）三黄鸡产业集群建设使用中央资金12 070万元（表1），并积极发挥财政资金的杠杆功能，撬动社会资金39 781.613万元，撬动效果达3.3倍。

二是高质量落地项目。2020—2022年，广西（玉林）三黄鸡产业集群瞄准产业链供应链环节共规划建设项目69个，其中种业项目15个、肉鸡生产项目39个、初加工项目2个、深加工项目5个、品牌培育项目3个、技术服务体系项目5个；已有67个项目通过验收，完工率为97.1%。

三是高水平培育主体。2020—2022年，广西（玉林）三黄

鸡产业集群共扶持55家经营主体和1家社会团体承担69个子项目进行三黄鸡产业链供应链各环节建设，具体包括28家企业、17家合作社、9家家庭农场、1家养殖大户和1家社会团体，其中国家级农业产业化龙头企业3家、自治区级农业产业化龙头企业6家。

表1　中央资金支持广西（玉林）三黄鸡产业集群建设项目情况

项目	中央资金支持
玉林市本级项目	110万元
北流市项目	1 010万元
容县项目	1 610万元
兴业县项目	3 855万元
玉州区项目	3 625万元
福绵区项目	1 860万元

资料来源：玉林市农业农村部门。

（二）以全产业链为方向，提升打造大链条

玉林市以建链、补链、强链为重点，推进把三黄鸡产业链打造成为结构更合理、链条更完整、核心竞争力更突出的农业全产业链重点链。

一是加强产业前端的建链。瞄准规模化建链，把松散型的鸡苗孵化场和单家独户的散养农户有效组织起来，培育形成规范养殖、规模养殖的鸡苗孵化场、规模养殖场和养殖专业户，如兴业县推广的立体模式，养殖密度是过去平养模式的3倍，一名技术人员可以管理控制10～30栋鸡舍。瞄准标准化建链，制定适合玉林三黄鸡

的养殖标准和质量标准，鼓励和支持龙头企业、合作社、养殖专业户建设标准化养殖场，实施全过程质量控制和全链条标准化生产，还利用国家级优势特色产业集群项目配套建成4个三黄鸡检验检测和疫病净化中心，年检测样品200万份以上，有力确保了产品质量安全。

二是突出产业中端的强链。聚焦加工强链，推进实施了一批三黄鸡精深加工项目建设，如在兴业县和玉州区规划建设了2个较大规模、较为先进的三黄鸡肉鸡屠宰加工厂，新建屠宰车间10 000平方米，建设加工生产线2条，年屠宰肉鸡产能达4 000万羽，加工产值达14亿元。聚焦智慧强链，大力发展融合了现代信息技术和智能装备的智慧养殖，如在全市三黄鸡第一大县兴业县，规模较大的三黄鸡养殖场都基本配备了自动饮水线、抽风机、温控装置、种鸡笼具、自动喂料设备、自动种蛋收集设备、鸡粪环保发酵床等智慧养殖设备。聚焦流通强链，重点配套建设冷库、冷藏车、物流配送中心、畜禽生鲜热鲜产品批发交易中心、大型活禽交易市场、基于大数据的电子商务平台等，做强流通环节。

三是注重产业后端的补链。注重品牌建设，大力打造"区域品牌+企业品牌"品牌模式，在提升"玉林三黄鸡"区域品牌影响力的同时，引导和支持三黄鸡龙头企业培育了"参皇""祝氏""农贝贝""春茂""和丰和""鸿光"等139个单品品牌，在2023中国品牌价值评价信息发布暨中国品牌建设高峰论坛上，"玉林三黄鸡"入围2023年中国品牌价值区域品牌（地理标志）百强榜单并居于第74位。注重布局全国，与京东等全国电商头部企业加强合作，利用玉林三黄鸡的优质资源，充分发挥京东在产供销一条龙服务和科技资金等方面的头部优势，强强联合把玉林三黄鸡打造成为全国十大品牌名鸡。注重市场营销，从2021年起，玉林市委、市政府着力打造包括"玉林三黄鸡"等在内的"玉林十大消费品牌",通过组织三黄鸡商家企业进驻第十四届玉博会举办直播专场、编写玉林三黄鸡"名优家禽,肉质鲜香"品牌故事、参与"壮美广西——广西品牌天下行"地铁专列宣传推广活动等,助推三黄鸡走出广西、销往全国。

(三)以科技赋能为重点,提升打造大支撑

三黄鸡在玉林有着悠久的养殖历史,已经形成了相对成熟的养殖经验,近年来更是进一步加强科技赋能,为产业高质量发展提供了强有力的支撑。

一是构建支撑品种。围绕行业现代化发展需求,近年来玉林市重点开展了家禽良种选育繁育等三黄鸡品种研究,全市已有"黎村黄鸡""桂凤二号黄鸡""参皇鸡1号""鸿光黑鸡""鸿光麻鸡"等优良品种获国家畜禽新品种配套系认定,相关品种得到广泛推广并备受市场青睐。

二是构建支撑技术。推广了标准化养殖、设施化养殖、智慧化养殖等一批现代养殖技术,开展了疫病防控技术推广、粪污无害化处理技术推广等一批绿色养殖示范,集成了"鸡—有机肥—果(林、菜)""鸡—有机饲料—鱼"等一批循环养殖模式。

三是构建支撑力量。推动中国农科院三黄鸡研究院在玉林成立,专门研究玉林三黄鸡的优势、特征、品质和产业链。组建玉林市三黄鸡研究院,专门组建玉林三黄鸡育种专家团,聘请国家肉鸡产业技术体系首席科学家文杰为第一任名誉院长,并着力将研究院打造成为玉林三黄鸡的产、学、研、用基地。建立广西三黄鸡科技小院,在中国农村专业技术协会和广西科学技术协会、玉林科学技

术协会大力支持下将其建设成为服务玉林三黄鸡产业发展的高水平科研合作技术平台。

（四）以产业化模式为带动，提升打造大龙头

在玉林三黄鸡产业发展壮大的过程中，持续加大对龙头企业、养殖专业大户等新型农业经营主体的培育力度，大力推广以企业为龙头带动的产业化模式，带动小农户进入现代化产业链条，基本形成了产、供、销一体的产业化生产格局。

一方面，做强带动产业化发展的经营主体。玉林全市三黄鸡养殖企业中，有国家级农业产业化龙头企业3家、自治区级农业产业化龙头企业10家。广西全区三黄鸡种鸡年出栏量达1 000万羽以上的8家企业中有3家是玉林的，且3家的年出栏总量1.08亿羽在全区8家企业中的比重高达34%（表2）。此外，从玉林市2021年种鸡养殖企业鸡苗的销售量来看，玉林外销鸡苗占全区的比重将近一半，广西其他三黄鸡主产区中南宁市占18.6%、百色市占9.8%，梧州市仅占0.4%（图1）。

表2　中央资金支持广西（玉林）三黄鸡产业集群建设项目情况

生产地	出栏量（万羽）	占比
玉林市（3家）	10 812	34%
南宁市（2家）	10 707	33%
桂林市（1家）	7 933	25%
钦州市（1家）	1 661	5%
百色市（1家）	1 119	3%

资料来源：玉林市水产畜牧协会。

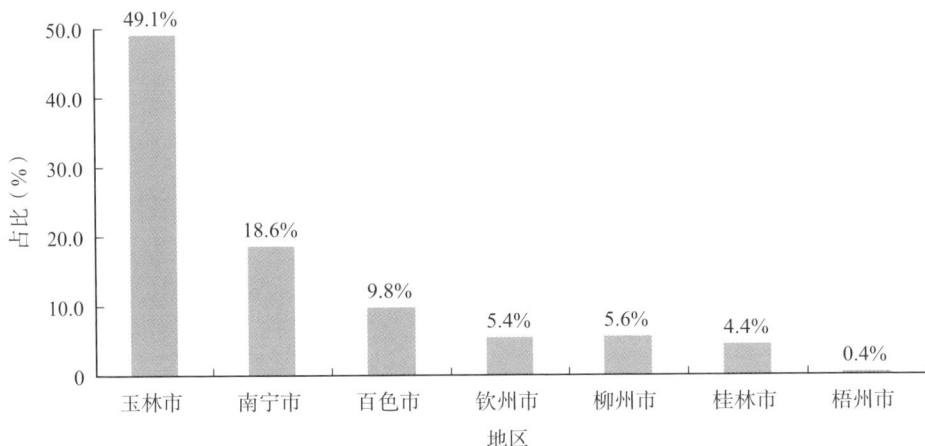

图1　广西三黄鸡主产区外销鸡苗占比情况

资料来源：玉林市水产畜牧协会。

另一方面，健全产业发展的经营模式。全市已形成较为成熟的"公司＋农户""公司＋基地＋农户""公司＋协会＋基地＋农户"等产业化模式，订单农业覆盖面达80%以上，带动超过3万户农户养殖三黄鸡；在产业化模式下，全市已创建国家肉鸡核心育种场1个、国家肉鸡良种扩繁推广基地1个、国家动物疫病净化创建场2个。

三、玉林三黄鸡产业发展的形势分析

（一）存在的问题

推进玉林三黄鸡产业发展，还存在着一些问题。一是三黄鸡养殖规模扩大面临生态环境约束越发趋紧的制约。近年来，国家生态环保督查力度持续加大，玉林市南流江、九洲江等流域治理持续推进，一大批禁养区、限养区持续加压，三黄鸡等养殖行业污染物排放标准进一步规范，生态环境约束对三黄鸡养殖规模化的制约越发显现。二是建设国家级优势特色产业集群还存在一些工作环节的滞后。存在资金下到县一级后拨付缓慢的现象，如2021年中央资金支持实施的全部项目已通过验收，但仍有340万元没有拨付（容县40万元、玉州区300万元），占中央资金年度总量的12.64%；还存在配套公共服务设施跟不上的现象，如玉州区三黄鸡预制菜加工中心项目用地在玉林市中医药健康产业园用地规划范围内，由于进、出货运主道路纬二路没有建设完工以及玉州区同发路没有铺设影响了锅炉天然气管道接入进而无法生产，由于厂区外排水管道工程没有连接到城市污水处理网管导致项目无法排水进而无法投产。三是三黄鸡产业自身发展壮大也存在着一些瓶颈性的问题。如养殖企业用地难、审批手续复杂，用电成本高、可作为农业用电的电力基数小，融资难、可用于抵质押的标的物少，饲料价格持续走高、养殖成本上升等。

（二）迎来的机遇

推进玉林三黄鸡产业发展，有着加快建设国家级优势特色产业集群的重大机遇。2020年，广西三黄鸡产业集群入围农业农村部、财政部批准建设的国家级优势特色产业集群名单，成为广西首批获批创建国家级优势特色产业集群的两个产业集群之一。国家级优势特色产业集群是推进农业现代化的重大平台，有着国家层面以及自治区层面政策和资金方面的大力支持，其建设过程是规划提升、政策配套、要素集聚、基础设施建设加快、重大项目投资落地等集中高效推进的过程，将极大促进广西的三黄鸡产业以全要素促进全产业链提质升级。玉林市作为广西三黄鸡产业集群的主导申报市，享有产业基础最有利、政策落地最直接、要素集聚最便捷、项目落地最便利的国家级优势特色产业集群建设重大机遇。

四、玉林三黄鸡产业发展的对策建议

（一）聚焦集群方向，做强产业链条

一是从加快建设农业强市、加快实现农业现代化的全局高度，全力以赴推进广西三黄鸡产业集群建设，打造产业基础高级化和产业链条现代化的玉林三黄鸡产业体系、生产体系、经营体系，推进玉林三黄鸡屠宰加工冷链物流体系建设，实现玉林三黄鸡养殖、加工和销售有效衔接，把零散产业整合成完整全产业链。

二是通过国家级优势特色产业集群的政策引导和项目推动，促进玉林三黄鸡产业形态由"小特产"转变为"大产业"、空间布局由"平面分散"转变为"集群发展"、主体关系由"同质竞争"转变为"合作共赢"，加快形成要素集中、产业集聚、企业集群的广西（玉林）三黄鸡产业集群发展格局。

三是严格对照广西三黄鸡产业集群项目实施方案，加快完成各年度项目建设、验收、资金拨付等工作，确保项目早建成早投产早见效，特别是确保中央财政资金按照规定及时拨付到位。

四是围绕精深加工、冷链物流、智慧化升级等突出短板和薄弱环节，布局储备优质项目，选好项目实施主体，扶持建设一批精深加工生产线和冷链设施，以项目实施推动产业链优化升级。

（二）强化种源保护，筑牢产业基础

一方面，坚持种源保护和开发同时抓，与自治区畜牧研究所、自治区畜牧站、广西大学动物科学技术学院等科研机构和高校深化合作，建立完善的玉林三黄鸡繁育体系，盘活现有育种材料和资源，运用现代育种技术，加强自主品种培育和改良，提高玉林三黄鸡种业核心竞争力和良种自给能力，实现肉鸡种源自主可控和品种安全。

另一方面，在布局广西三黄鸡产业集群建设项目时，引入或培育种鸡企业，大力扶持一批以育、繁、养为一体的玉林三黄鸡龙头企业，在重点乡镇扶持并建立一批鸡苗生产基地，科学引导农户自繁自养，通过多层次发力形成保供当地的鸡苗生产规模，保障全市三黄鸡产业发展。

（三）培强经营主体，集聚产业龙头

一是依托玉林三黄鸡市场优势，以及玉林市毗邻广东超大市场的地缘和交通优势，精准开展招商引资，大力引入有实力、有资金、有技术的国内头部养殖企业，扶持玉林本地养殖龙头企业发展成为辐射带动广西三黄鸡产业的总部经济，着力培育打造一批优势特色产业集群全产业链链主企业。

二是引导和支持本土养殖经营主体着力在种源保护和开发、标准化规模养殖、品牌宣传和产品流通等环节实现突破和上档次，扶持打造一批由本土经营主体成长起来的标杆和领军企业，并引领和带动玉林三黄鸡产业快速发展。

三是发挥产业园区的重大平台作用，鼓励和支持龙头企业领创以玉林三黄鸡为主导产业的各类产业园区，特别是大力创建玉林三黄鸡现代特色农业（核心）示范区和现代农业产业园，推动全产业链重点环节以产业园区为平台实现更好衔接联动和融合发展。

四是持续推广"龙头企业+规模养殖+专业协会+农户"等有效联农带农的产业化模式，组建一批玉林三黄鸡产业化联合体，培育一批高素质农民向养殖大户转型，鼓励和引导广大农户充分利用林地、果园等场地开展家庭式养殖，壮大全市养殖规模。

（四）实施绿色发展，加快产业转型

一是实施全产业链标准化生产，加强玉林三黄鸡养殖标准、加工技术规范标准、白条鸡上市标准等系列标准的制定和推广应用，推广按照"生产基地+加工企业+商超销售+餐饮门店"等产销衔接模式按标生产。

二是鼓励养殖龙头企业采取统一鸡苗供应、统一饲料供应、统一疫病防治、统一保险支持、统一打造品牌销售、统一白条上市的"六统一"模式，实现标准化、规范化生产经营管理。

三是全面推行健康养殖、绿色养殖方式，控制兽药、饲料添加剂等投入品的使用，强化疫病防控等方面的技术保障，采取先建后补、以奖代补、贷款贴息等方式扶持玉林三黄鸡产业在疫病防控、质量安全、生态环保等方面设施设备的提档升级，全力保障产业、产品的质量安全。

（五）注重品牌建设，提升产业形象

一是注重对玉林三黄鸡区域品牌价值的挖掘和开发，宣扬好玉林三黄鸡的故事和文化，以国家级优势特色产业集群为依托在全国打响玉林三黄鸡这一独特品牌。

二是重塑产品定位，瞄准中高端市场细分，紧盯白条鸡新兴业态，大力发展冷鲜产品和预制菜产品，抢占进驻各大城市超市和社区中央厨房市场，加快建立健全完整的玉林三黄鸡市场营销体系。

三是推行玉林三黄鸡标识制度，认定一批玉林三黄鸡养殖场、加工企业、餐馆并进行挂牌和授权使用标识，利用各种新媒体、融媒体加强对玉林三黄鸡标识的宣传介绍，同时加强农业部门、市场监管部门等对玉林三黄鸡标识使用的联合督查监管，大力打击假冒玉林三黄鸡生产、加工和销售行为，维护品牌形象和市场信誉。

陆川猪产业发展报告

陆川猪因原产于广西东南部的陆川县而得名，是陆川县的"县宝"，也是全国八大地方良种猪之一。陆川县委、县政府高度重视陆川猪产业发展，致力把"县宝"打造成为县域经济的"拳头产业"，大力推进陆川猪产业品牌化、规模化、标准化、产业化发展，不断提升陆川猪产业的附加值、市场竞争力和品牌效应。"陆川猪"作为区域公用品牌入选首批公布的广西农业品牌（"广西好嘢"）目录，陆川猪系列产品远销广东、福建、北京、上海等省份以及越南等东南亚国家，陆川猪产业在助力巩固拓展脱贫攻坚成果和引领乡村产业振兴上发挥了重要作用。

一、陆川猪产业发展的背景研究

（一）陆川猪的发展历史

陆川猪养殖有着2 000多年的历史，在明万历七年（公元1579年）编纂的《陆川县志》中已有关于陆川猪的记载。1973年，中国农业科学院在广东顺德县召开全国猪选种育种会议，将陆川猪确定为全国优良地方品种，陆川猪成为全国八大地方良种猪之一。

1982年，陆川猪被载入《中国畜禽品种志》；2000年，被农业部列入国家畜禽遗传资源品种名录；2006年，被农业部确定为国家级遗传资源保护品种；2010年，获农业部农产品地理标志保护登记；2011年，入编《中国地方名猪研究集锦》；2012年，被收录进入《中国畜禽遗传资源志》；2017年，入选中国首批特色农产品优势区名单；2022年，入选全国农业生产"三品一标"典型案例。此外，"陆川猪"品牌还在2018年入选首批广西农业品牌（"广西好嘢"）目录农产品公用品牌，2022年入选第二批全国名特优新农产品名录并成为入选农业农村部农业品牌精品培育计划的全国三大名猪之一。

（二）陆川猪的品种特性

在体态特征方面，陆川猪的外形短、宽、肥、圆，头较短小，体型紧凑，嘴中等长，鼻梁平直，面略凹或平直，额较宽，有丫字形或棱形皱纹，额中间多有白毛，耳小直立略向前外伸；背腰宽广凹下，腹大常拖地，腚短稍倾斜，尾根高，四肢粗短，蹄宽、多呈卧系；被毛稀短，毛色稳定、为黑白花，头、耳、颈背、腰、腚、尾为黑色，其余部位均为白色，在黑白交界处有一条4～5厘米宽的白毛黑毛晕带，头颈交接处多有一条2～3厘米宽的白带。在生理特性方面，陆川猪性成熟早、繁殖力强、性情温驯；母性良好、杂交效果显著；耐热性强、耐粗饲、适应性强；早熟易肥，皮薄、骨细、肉质鲜嫩；生长速度慢，饲料利用率低。在产品特点方面，陆川猪的肉质鲜嫩，脂肪含量较高，食用口感好、味道醇香，十分适合用于制作精深加工肉制品及预制菜；据检测，陆川猪背最长肌脂肪含量为8.86%，热能为每100克697.9千焦，蛋白质含量为20.9%。

（三）陆川猪的养殖分布

陆川猪养殖在陆川县境内各乡镇均有分布，养殖范围遍及温泉镇、大桥镇、横山乡、乌石镇、滩面乡、良田镇、清湖镇、古城镇、沙坡镇、米场镇、沙湖乡、马坡镇、珊罗镇、平乐镇等全县14个乡镇，覆盖区域面积1 551平方公里，地理坐标范围为北纬21°53′—22°38′、东经110°04′—110°25′，其中核心产区为大桥镇、乌石镇、清湖镇、良田镇、古城镇等5个镇。除了陆川县范围内养殖，陆川猪在玉林的其他县域以及钦州、梧州、贵港、北海等地20多个县域均有养殖，国内养殖有陆川猪的省份更是多达17个。

（四）陆川猪的产业规模

近年来，随着陆川猪品牌越来越响、受欢迎度越来越高、市场需求越来越大，陆川猪产业得到了快速发展，有力支撑了陆川县连续17年（到2022年为止）荣获国家生猪调出大县奖。2015—2018年，陆川县年均生猪存栏量达120万头以上，年均生猪出栏量达100万头以上，稳定实现了年养殖百万头猪的产业规模。2019年受到非洲猪瘟的影响，陆川县生猪年存栏量大幅下降；2020年受到新冠疫情的影响，陆川猪产业发展面临一定的市场波动。此后陆川县全力推动生猪复养复产，至2022年生猪养殖已基本恢复双疫情影响前的水平（表1～表3），全县生猪出栏达112.51万头，能繁母猪存栏9.3万头，猪肉年产量8.16万吨。

表1　2018—2022年陆川县生猪出栏量

年度	2018	2019	2020	2021	2022
生猪出栏量（万头）	106.97	86.68	79.66	105.04	112.51

资料来源：玉林市农业农村局。

表2　2018—2022年陆川县能繁母猪存栏量

年度	2018	2019	2020	2021	2022
能繁母猪存栏量（万头）	15.69	11.21	5.469	9.15	9.3

资料来源：玉林市农业农村局。

表3　2018—2022年陆川县生猪存栏量

年度	2018	2019	2020	2021	2022
生猪存栏量（万头）	131.48	26.66	69.42	80.4	82.5

资料来源：玉林市农业农村局。

二、陆川猪产业发展的实践经验

（一）突出统筹引领，明确产业发展方向

在选定陆川猪作为"县宝"后，陆川县聚焦"六个一"的方向，推动陆川猪产业做大做强。一是编制一个陆川猪产业发展规划，推动构建生产高效、资源节约、环境友好、布局合理、产销协调、品牌联动、质量可溯的陆川猪产业高质量发展新格局；二是建

设一个陆川猪产业园，加大招商引资力度，全力保障项目落地、推动要素集聚、促进链条整合，加快推进陆川猪产业走园区化的发展路子；三是制定一套陆川猪行业标准和溯源体系，制定统一的陆川猪养殖、加工和检测标准，建立全程可追溯、互联共享的质量安全信息平台；四是开发一批陆川猪新产品，建立陆川猪产品研发团队，在现有陆川猪肉制品基础上，针对市场需求开发更多加工制品和预制菜新品；五是出台一系列扶持政策，加快出台产业园租赁厂房优惠政策、企业融资贴息扶持政策、养殖能繁母猪奖补等一系列扶持优惠政策，扶持和保障养殖、加工企业做强做大；六是引进一批龙头企业，充分发挥龙头企业的产业引领和联农带农作用，以龙头企业集群带动陆川猪产业高质量发展。

（二）突出绿色引领，推广生态养殖模式

陆川猪产业在发展壮大的过程中，坚持践行了绿色发展理念，走的是一条农牧循环、种养结合、环境友好、高效安全的现代养殖业发展道路。针对陆川猪传统养殖场存在的随地排放粪污、卫生状况差、污染环境等问题，集成并推广陆川猪"益生菌+高架床"生态养殖模式，成立高架床节能减排养殖协会扩大绿色养殖群体。此外，抓住九洲江列入国家生态补偿试点的发展机遇，进一步推进生猪养殖产业绿色转型，通过采用生物技术、生态养殖模式，严控养殖环节产生的废气、废水，如在饲料和水中添加益生菌，产生的分解酶可将猪大肠中的臭气成分完全氧化变成无臭无毒的物质，能够实现全程免冲水，可有效减少养殖污水排放量90%以上。近年来，陆川县相继获得全国畜牧业绿色发展示范县、广西畜牧业十强县、广西特色畜牧业先进县等荣誉，"益生菌+高架床"生态养殖模式

还得到了中央环境保护督察组的肯定。陆川猪生态养殖发展走在广西生猪生态养殖业前列，2022年全县通过认证的生态养殖场223家、无公害农产品猪场11家、国家级标准化示范场6家。

（三）突出加工引领，推进延链补链强链

一是组建产业龙头。通过整合优势资源，组建成立陆川猪产业集团，贯通上中下游加工配套环节，形成了覆盖种猪繁育、饲料生产、生猪养殖、产品深加工、品牌打造、市场营销等全链条环节的陆川猪产业龙头。二是做强加工链条。以良田神龙王食品加工基地为核心，规划建设面积约1 000亩的陆川猪深加工聚集区，预计年生产猪肉制品2.5万吨，产值可达2.6亿元。抢抓预制菜产业发展机遇，成立陆川县预制菜产业联盟，大力发展以陆川猪肉制品为主的预制菜产业，全县以陆川猪为主要原料的预制菜产品已有七大品类、35家企业，2022年预制菜产值突破20亿元。三是建设产业园区。总投资19.14亿元、占地面积1 005.32亩，建设集肉食品研发、生猪屠宰、猪肉深加工、冷链配送、仓储物流、产品集散展销、产业大数据等于一体的陆川猪全产业链产业园，集聚20多家陆川猪肉制品加工企业入园发展。通过一系列努力，预计到2025年，全县生猪屠宰量可达100万头以上，精深加工量约1.5万吨，产品深加工率20%，产值达50亿元。

（四）突出品牌引领，打响区域公用品牌

以陆川猪作为全国八大地方良种猪和获得国家地理标志农产品认证为基础，以发展生态养殖和确保质量安全为支撑，全力实施陆

川猪品牌工程，制定了陆川猪区域公用品牌的策略规划、形象手册以及陆川猪产品专卖店的品牌符号、形象元素等，统一以陆川猪区域公用品牌形象在玉林、南宁等城市建成并投入运营一批陆川猪专卖店，推动陆川猪品牌全力进军全国高端市场，打响陆川猪产业的区域公用品牌效应，持续提升陆川猪产品的市场知名度和口碑美誉度，把陆川猪产业打造成为县域经济和乡村振兴的品牌产业。2022年，"陆川猪"荣登"中国品牌价值评价区域品牌（地理标志）百强榜"，且依据品牌价值评价有关国家标准，经专家评审、技术机构测算、品牌评价发布工作委员会审定，"陆川猪"地理标志区域品牌的品牌强度为829、品牌价值为32.55亿元。

（五）突出党建引领，保障产业健康发展

一是打造产业"红色堡垒"。大力推进党组织建在产业链上，结合养猪、畜牧产品深加工等行业实际，在2021年时成立了陆川猪产业行业党委，下辖19个党支部，其中4个为联合党支部，共有79名党员，覆盖50多家企业，持续强化行业党委在陆川猪产业健康发展中的"红色堡垒"作用。二是形成"党建+企业+市场"模式。在党组织带领下，企业和养殖户形成了抱团进入市场的局面，实现了资源共享、优势互补、共促发展，已有自治区级农业龙头2家和近千户养殖大户结成了产业化联合体，将养殖户紧紧吸附在陆川猪全产业链上共享红利，全县养猪农户产业化经营参与率达100%。三是组建党员服务队和先锋队。充分发挥党员在产业发展中的先锋、服务、带动作用，坚持党员引路、群众致富的产业服务理念，建立了由畜牧技术骨干党员组成的产业发展党员服务队和科技服务党员先锋队，从疫病防控、畜禽粪污资源化利用、消毒灭

源、饲养管理、生猪生产监测调度等方面提供陆川猪养殖服务和技术指导，帮助养殖户在陆川猪养殖中增产增收，助力陆川猪产业高质量发展。

三、陆川猪产业发展存在的问题

（一）纯种基因丢失和品种退化危机

由于生猪行业发展过于追求杂交优势带来的良好经济效益，大力推广品种改良、二元杂交乃至多元杂交，引发了纯种基因丢失和品种退化危机。一方面，陆川猪的品种特性与传统商品猪市场需求存在偏差。陆川猪的生长速度较慢，肥育期较长，出栏率较低，屠宰率、瘦肉率、日增重、饲料转化率、繁殖率等也较低。这些陆川猪品种特性上的不足亟待改良。另一方面，在陆川猪品种改良的过程中，由于过度追求生长速度和瘦肉率，忽视了陆川猪的纯种基因保护，致使主要产区陆川猪品种混杂、品种退化速度加快、纯种数量下降，不符合陆川猪体型、体貌标准的劣质猪增加，陆川猪的优秀遗传基因正加速发生漂移或丢失。

（二）产品质量不齐和供需缺口矛盾

一方面，长期以来陆川猪多为家庭小规模养殖，以家庭散养为主，饲养的标准化、规模化程度低，现代化养殖技术没有得到有效推广应用，导致其产能无法满足市场需求。另一方面，陆川猪的产业化、育繁推一体化程度还相对较低，种猪以养殖户自繁自养为主，商品化程度低，由于各养殖场和中小养殖户的技术力量和生产水平参差不齐，各自选留的种猪质量也良莠不齐，不利于陆川猪的保种、育种。

（三）产业规范欠缺和科技不足问题

一是陆川猪产业链各环节还未形成统一的行业标准，全产业链的规范化、标准化程度低，技术含量不足，导致品种优势尚未较好地转化为产品优势、品牌优势。二是多数陆川猪养殖户对专业养殖知识和技术掌握不够，防疫技术和养殖技术等养殖专业技术培训还需加强。三是缺乏基层专业养殖技术人员，难以更好地为陆川猪产业发展提供稳定的技术指导和长期的技术服务。四是缺乏先进的生物技术和繁育理论指导，尚无法在充分保留陆川猪品种遗传特征的前提下进行品种改良。

四、陆川猪产业发展的对策建议

（一）加强品种资源保护与利用

一是加强陆川猪的保种工作。研究制定《陆川猪品种资源保护与利用规划》，将陆川猪的保种工作作为事关产业可持续发展的关键一环，纳入当地政府主抓产业的工作范畴。从生猪调出大县、保种补贴等资金中安排一定资金直接投入陆川猪保种工作，重点支持陆川猪品种资源收集和保存、保种场搬迁和建设。提升国家级陆川猪保种场建设水平，并依托保种场建立陆川猪最优秀保种育种核心群。健全陆川猪繁育体系，建立种质保护监测体系，在陆川县划分保种范围，分区开展保种工作，并统一规范保种区的各项管理。

二是加强陆川猪的良种攻关。全力配合全国畜牧总站开展全国地方猪品种生物技术保护，并巧用"国家队"力量开展陆川猪良种攻关。组建陆川猪产业技术研究院，联合国内优质团队开展陆川猪与杜洛克猪、长白猪等国内外猪种的杂交选育研究，大力开发既具备一般商品猪繁殖性能强、生长速度快、抗病力强、瘦肉率高等特点，又保留陆川猪产仔多、耐粗饲、肉质好等优点的优良品种，提高陆川猪商品化养殖的经济效益。

三是加强陆川猪的资源开发。出台一系列陆川猪品种资源保护及合理开发利用相关激励政策，引导更多养殖龙头企业提高品种繁育的研发资金投入，引进和扶持一批陆川猪种业企业发展壮大。推动陆川猪产业集团牵头、各企业参与，大力开展陆川猪资源的产品开发和市场开发，将陆川猪作为全国八大地方良种猪和获得国家地理标志农产品认证的品种资源优势转化为特色产业优势。

（二）加强全产业链建设与开发

一是做好产业发展规划。进一步提升陆川猪产业在全国地方特色猪产业中的地位，推动陆川猪纳入广西"土特产"重点产业范畴、纳入玉林市农业全产业链重点链范畴、纳入陆川县县域经济主导产业范畴。按照超前谋划、布局全国、突出特色的思路，从更高层面做好陆川猪产业发展规划与战略布局，推动玉林市政府制定出台陆川猪产业高质量发展中长期规划，推进陆川猪产业规划与乡村振兴战略规划、农业强国规划等经济社会发展重大规划充分衔接，实现"一张蓝图"绘到底。

二是发挥党建引领作用。深化"党建+产业链"模式，坚持走好陆川猪产业行业党委引领产业发展的路子，依靠企业党组织、村党组织引导和组织更多农户发展陆川猪养殖，扩大陆川猪养殖规模；引导企业与养殖户建立利益联结更为紧密的产业共同体抱团闯市场，提升陆川猪产业化水平；推动产业发展党员服务队和科技服务党员先锋队提供更加多元的产业服务指导，强化陆川猪社会化服务。

三是加大政策支持力度。推动玉林市政府、陆川县政府出台支持陆川猪国家地理标志农产品、"广西好嘢"区域公用品牌建设的政策，在申报国家级和自治区级项目、安排市县财政本级农业产业化资金、落实招商引资各类优惠等方面给予重点扶持，以政策建立投入支持导向，以政策引导市场要素集聚，形成陆川猪产业高质量发展的综合环境。严格落实生猪养殖和能繁母猪各类补贴，探索加强病死猪无害化处理补贴、生猪养殖政策性保险、养殖企业贷款贴息、养殖户小额信贷等政策，切实保护养殖户利益和提升陆川猪养殖比较效益。

四是强优全产业链环节。继续做大做强加工环节，大力发展集中屠宰、精深加工、冷链配送、中央厨房、肉食品研发、产品集散展销和产业大数据等全产业链业态，支持陆川猪产业集团、陆川猪全产业链产业园、陆川猪深加工聚集区等加工龙头在深耕本地产业链基础上加快"走出去"发展，在巩固国家生猪调出大县地位的基础上进一步优化陆川猪产业结构，充分用好、用足陆川县年屠宰加工生猪100万头以上的产能。紧盯预制菜市场，大力开发陆川猪碗装扣肉、陆川猪扣肉罐头、陆川猪腊肠、陆川猪腊肉、陆川猪月饼以及陆川猪"白切"食品、陆川猪休闲食品等深受市场欢迎的预制菜产品，全力打造预制菜产业发展新高地。

五是打响区域公用品牌。深挖陆川猪品牌价值，继续大力实施陆川猪品牌工程，推动养殖企业和经销主体全面使用陆川猪区域公用品牌的品牌形象和品牌符号，在生猪市场和肉制品市场进一步强化陆川猪品牌元素，在大中城市建设运营一批陆川猪区域公用品牌授权的陆川猪专卖店，全力抢占全国高端市场。制定统一的陆川猪产业链各环节行业标准，推动全产业链实行标准化生产，提升陆川猪区域公用品牌的整体产品质量，促进陆川猪的品种优势加速转化为产品优势、品牌优势。

（三）加强现代科技应用与推广

一是大力推广绿色生态养殖模式。加快转变养殖业发展方式，继续坚持走绿色发展的养殖道路，大力推广陆川猪"益生菌＋高架床"生态养殖模式，并通过收益测算来增强养殖户转向高架床生态养殖的信心，提升"益生菌＋高架床"生态养殖模式在养殖户中的接受度和采用率。按照全面治理生态环境的要求，综合施策抓好粪污治理，重点推行种养结合、设施治理、有机肥利用等粪污治理方式，大力扶持示范性有机肥厂建设，加强水源保护区养殖污染治理，全面推进陆川猪产业高效、节能、环保、生态发展。

二是不断提升现代设施养殖水平。大力发展现代设施养殖，提升陆川猪养殖场现代化设施普及率和智能化设施装备水平，推进陆川猪产业生产过程自动化、智能化。以陆川猪生态循环产业园项目、固体废弃物制备天然气综合利用项目、畜禽标准化健康养殖项目等项目建设为牵引，推进陆川县畜禽规模养殖场实施标准化建设。通过龙头企业高架床出租和与养殖户合作等方式推广高架床养殖，发展集中养殖管理，减轻小散养殖户养殖负担。

三是加大农户养殖技术培训力度。发挥陆川县农业水产畜牧联合会、陆川猪产业发展党员服务队、陆川猪科技服务党员先锋队的产业影响力，通过多种形式开展陆川猪养殖先进适用技术培训和"益生菌+高架床"生态养殖模式培训。多渠道、多形式广泛宣传高架床生态养殖的重要性和优越性，由市、县畜牧部门联合龙头企业不定期举办高架床生态养猪培训班，向养殖户普及高架床生态养猪技术和饲养管理技术。

II 产业典型案例篇

CHANYE DIANXING ANLIPIAN

容县千秋村

沙田柚"一村一品"典型案例

容县容州镇千秋村是容县沙田柚产业带中的主产村之一，以容县沙田柚作为主导产业在2012年时入选第二批全国"一村一品"示范村榜单，使容县沙田柚成为玉林市最早上榜全国"一村一品"示范村名单的两个特色农业产业之一。多年来，千秋村瞄准容县沙田柚这一主导产业久久为功，打造了以沙田柚奔向乡村振兴的"千秋功业"，走出了容县沙田柚"一村一品"产业高质量发展的特色路径。

一、"三化之路"引领沙田柚产业做大做优

一是坚持走规模化发展之路。在千秋村沙田柚协会、集体经济组织、种植大户的组织发动和示范带动下，全村100%的农户都已发展种植沙田柚，种植总面积超4 500亩，年总产量达5 000多吨，种植沙田柚年收入5万元以上的村民有400多户、10万元以上的有50多户，千秋村成为名副其实的沙田柚"一村一品"专业村。

二是坚持走产业化发展之路。积极做好土地流转工作，吸引

返乡农民和社会资本到千秋村发展沙田柚产业，形成了"公司+基地+农户""专业协会+农户"等产业化发展模式。此外，积极对接和引入专业农产品交易市场、加工企业、经销商、电商等进驻田间地头，贯通产加销，促进沙田柚种植产销"两旺"和种植农户增产增收。

三是坚持走优质化发展之路。千秋村沙田柚协会从产前、产中、产后全生产环节加强对柚农的服务，组织全村开展无公害、绿色等标准化生产，从源头的生产投入品加强产品质量安全监管，极大地提高了全村沙田柚的产量和质量。早在2004年，国家质检总局就批准对容县沙田柚实施原产地域保护，2006年自治区农业厅批准容县为广西无公害沙田柚生产示范基地县，2008年容县被批准开展第六批全国农业标准化示范Ⅰ类项目"沙田柚生产标准化示范区"建设，千秋村就是在此过程中涌现出来的示范村。在历年的容县沙田柚质量评比中，千秋村种出来的柚果都名列前茅，使千秋村成为全县最受市场欢迎和消费者青睐的容县沙田柚产地之一。

二、"三带之措"推进沙田柚产业加速发展

一是突出协会带领。协会带领是千秋村沙田柚产业能够快速发

展起来的一大原因。千秋村在选定发展种植沙田柚这一地方特色品种之初，就十分重视专业协会的作用，早在2003年时便发起成立了沙田柚协会，协会成立之初全村就有600多人加入成为会员。千秋村沙田柚协会推广"桂柚一号"高产高效品种、推行无公害标准化生产和服务市场营销，专业协会带领全村实现规模化种植。

二是突出党员带头。党员带头是千秋村沙田柚产业能够快速发展起来的又一大原因。扩大种植规模的出路到底有没有、采用绿色循环模式的效益到底行不行、黄龙病发病树的砍伐到底要不要等，在解决沙田柚产业发展过程中遇到的这一系列问题的过程中，都有千秋村党员带头先行先试的身影。如千秋村通过发展"猪+沼+果+灯+鱼"立体生态种养模式实现生态效益、经济效益的双赢，就是在时任村党支部书记丁海荣和党员黄广全、饶华龙等率先推广成功后带着村里其他种植户全面发展的。

三是突出能人带动。能人带动是千秋村沙田柚产业能够快速发展起来的另一大原因。近年来，伴随着沙田柚产业不断做大做优，千秋村也涌现出了一批种植大户等经济能人，这些经济能人在发展多元化规模种植、示范应用新品种新技术、闯市场跑销售等方面发挥了很好的带动作用。如种植大户黄广林在本村山地基本都种完的情况下，到其他村发展异地规模种植，全年各基地沙田柚总产量达18万斤左右，不但实现了自家增收，还带动了周边村屯产业发展。

▌ 三、"三色之光"照亮沙田柚示范村乡村振兴之路

一是"红色之光"驱动领航发展。村子发展快，全靠支部带。容县近年来实行了县处级领导挂点推进、县直单位挂点服务和组织系统干部挂点指导的"三联挂点"工作机制，提升村级党组织领航发展的能力。在时任县委主要领导挂点推进下，千秋村党支部在推进沙田柚"一村一品"提升发展中发挥了坚强的战斗堡垒作用，制定了村发展规划，成为全村沙田柚产业发展的掌舵者，并利用各种资源、多管齐下为村民发展沙田柚种植提供保障。

二是"绿色之光"推动持续发展。千秋村坚持绿色发展理念，坚持"绿水青山就是金山银山"的可持续发展理念，在发展沙田柚规模化种植时大力推行清洁生产技术和绿色循环模式，被

评为全区高效生态循环农业示范点。在发展"猪+沼+果+灯+鱼"立体生态种养模式的过程中，种植农户对沙田柚增施农家肥、土杂肥、绿肥、用"腐秆灵"加稻草等堆制的堆肥、沼液等生态有机肥，采用诱虫灯、套袋等病虫害绿色防控方法，减少了化肥、农药等投入品的使用，还提升了沙田柚果实品质，在这种绿色生产模式下种植出来的柚子外表美观、皮薄、肉厚、味甜，市场价值更高、种植效益更好。

三是"金色之光"催动振兴发展。每年10—11月进入沙田柚成熟采收期，容县呈现一幅沙田柚挂满枝头迎丰收的金色景象。千秋村沙田柚产业的蓬勃发展，除了给柚农带来不断增加的售果收入，还促进了休闲采摘、生态观光、农产品电商等新业态发展，也给年轻人带来了回乡创业就业的机会。通过发展沙田柚产业，千秋村村民盖新房建新村，小小沙田柚帮助村民实现了从脱贫到小康的梦想，正带领村民奔向共同富裕的大道。

陆川县陆透村

陆川猪"一村一品"典型案例

　　陆川县大桥镇陆透村是远近闻名的陆川猪养殖专业村，以陆川猪作为主导产业在2012年时入选第二批全国"一村一品"示范村榜单，使陆川猪与容县沙田柚一道成为玉林市最早上榜全国"一村一品"示范村名单的特色农业产业之一。陆川猪是陆川当地的优

良品种，陆川猪产业已经成为全国较为成功的"土特产"产业，陆透村在陆川县围绕"一县一业、一村一品"创新打造陆川猪"土特产"产业中发挥了典型标杆作用。

一、好思路创出好产业

陆透村以陆川县大力发展陆川猪产业、陆川猪获得国家农产品地理标志认证等为契机，抢抓政策机遇，锁定产业方向，将陆川猪养殖确定为村级主导产业并按照"一村一品"思路进行重点打造。陆透村成立了养猪合作社，对全村养殖陆川猪的农户提供统一购种、统一防疫、统一管理、统一饲料、统一销售的服务，通过"五统一"服务引领全村养殖户实行标准化养殖、品牌化营销，全面提升从养殖到进入市场的组织化程度。陆透村还大力推进陆川猪养殖规模化、产业化发展，通过"公司+养殖场"和"公司+合作社+农户"的产业化模式，带动村民经营生猪养殖场，采用生态养殖的方式，改进饲料配方，提高饲料利用率，减少养殖粪污的产生，有效解决了因散养造成的效能低、污染大等问题。陆透村农民因猪而富，农民收入高于当地平均水平，全村已发展形成养猪大户300多户。

二、好模式走出新路子

除了有明确的发展思路，陆透村还创新发展了"上山养猪、林下放养"的好模式。结合陆川猪的品种特性和养殖传统，陆透村村

民在实践中发现，在山林、果树林间放养陆川猪，选地容易、管理粗放、成本较低且市场价格高，还可以促进林木生长，是一种多方共赢的养殖模式。陆透村村民陈成就是陆川县"上山养猪、林下放养"模式的首创者，自2008年起在其承包的3 000亩大山大胆利用林荫空间资源放养陆川猪，成功创立了原生态放养基地，并以"公司＋合作社＋农户"模式带动陆透村和周边的塘候村建成了养猪专业村。"上山养猪、林下放养"模式得到了中央电视台、广西日报等主流媒体的专题宣传报道，还被陆川县政府作为增加农民收入的养猪模式在全县范围大力推广。在陆透村的示范带动下，陆川县出台优惠扶持政策，在用地、资金等方面给予大力支持，鼓励农民发展林下养猪业，提升陆川猪养殖品质和规模。

▎三、好产品打响大市场

　　陆透村在发展陆川猪规模化养殖的过程中，十分注重产品品质和质量安全，无论是传统的生猪养殖场，还林下规模养殖，都主打"生态牌"和"优质牌"，放养的陆川猪，以树叶、野草为主食，以山泉为饮，辅以红薯藤、兑水米糠等食物进行生态养殖，其肉质好、肉皮薄，吃起来肉香可口，也可加工为脆皮乳猪、香肠、无皮五花腊肉、炸猪排、白切猪脚、脆皮扣等美食，深受市场欢迎。随着陆川猪名猪品牌效应逐步显现，以及陆透村作为陆川猪全国"一村一品"示范村的示范效应逐步形成，陆川猪系列产品在全国市场上的竞争力不断加强，陆川猪苗还远销广东、北京、湖南、四川等10多个省市。

北流市六行村

荔枝"一村一品"典型案例

北流市北流镇六行村以荔枝种植作为村级特色产业，是两广地区最大的连片种植鸡嘴荔的果场，以北流荔枝作为主导产业在2018年时入选第八批全国"一村一品"示范村榜单。多年来，六行村通过实施"一村一品"发展战略，做大做强做优荔枝产业，走出了传统有"荔"、园区领"荔"、企业助"荔"、品牌增"荔"的"小荔枝大产业"乡村产业振兴新路子。

一、传统有"荔"

六行村位于北流市区以东约5公里处，有着种植荔枝的传统，村里几乎家家户户房前屋后都种有荔枝树，一直以来种植荔枝和销售荔枝的收入都是村民经营性收入的一大支柱，该村素以盛产优质荔枝而远近闻名，每年夏至前后都有不少市民和客商前来采摘和收购荔枝。近年来，六行村按照荔枝无公害标准化技术组织村民种植管理，产品质量符合绿色食品要求，面积、产量、品质均位居北流全市前列。全村荔枝种植面积超6 000亩，规模较大的果场有10多个。2022年，全村荔枝总产量超1万吨，荔枝全产业链产值预计超1亿元、占北流市荔枝全产业链产值的约5%。

▍ 二、园区领"荔"

依托六行村种植荔枝的传统优势，北流市加大支持力度，在六行村创建了玉林市范围内唯一以荔枝作为主导产业的自治区三星级现代特色农业（核心）示范区——北流市荔乡缘荔枝产业核心示范区，使六行村在全国"一村一品"示范村的基础上，进一步成为示范、引领北流荔枝产业高质量发展的核心区。示范区流转土地10 000亩，拓展带动周边村屯流转土地约20 000亩，落地建设了优质荔枝种植、休闲采摘、荔枝深加工、品牌销售等一批三产融合项目。通过示范区引领和市场化运作，六行村的荔枝"一村一品"发展模式得到不断深化，荔枝品种改良、技术推广、产业链延伸、品牌打造和农文旅融合等成效显著，新鲜荔枝及深加工产品畅销全国各地。

▍ 三、企业助"荔"

一方面，助力六行村荔枝产业链升级。以北流市荔乡缘荔枝产业核心示范区为平台，集聚了荔宝果场、大同果业公司等荔枝产加销龙头企业，其中荔宝果场是目前广西最大的鸡嘴荔生产基地，深加工企业大同果业公司能够生产荔枝干、荔枝酒、荔枝醋、荔枝饮料等四大类约30种荔枝深加工产品且年加工荔枝产能达3 000吨。在龙头企业的带动下，全村荔枝产业已实现种植、加工、流通、销售、休闲等环节有机结合，形成了一二三产业融合发展的态势。另

一方面，助力荔枝产销对接。每年荔枝成熟上市期间，每天至少有10家企业或销售商到六行村设点收果，每天至少设有10个收购点收运六行村及周边地区果场的荔枝销往全国各地，其中本地与外地企业或销售商约各占一半，每天收购量达50吨以上，形成了以六行村为中心辐射的北流荔枝产业地头产销对接链条。

四、品牌增"荔"

近年来，北流市大力实施荔枝产业品牌战略。六行村有着全国"一村一品"示范村和自治区三星级现代特色农业（核心）示范区等国家级、自治区级平台加持，优质荔枝品牌打造走在北流全市前列，是北流荔枝国家农产品地理标志产品的核心产地，是"北流荔枝"区域公用品牌的主要产区之一。六行村种植的荔枝90%以上是桂味、鸡嘴荔等鲜销市场价值较高的品种，其中鸡嘴荔种植面积超3 000亩、占全村荔枝种植面积的50%。荔宝果场已获得无公害产地认证、无公害农产品认证，生产的"荔宝牌"鸡嘴荔还获得广西名牌商标称号。优质产品及其品牌价值，助力六行村荔枝产业稳定实现增产增收。

兴业县陈村社区

三黄鸡"一村一品"典型案例

兴业县大平山镇陈村社区有着三黄鸡养殖的传统，作为广西三黄鸡养殖第一村，以三黄鸡作为主导产业在2020年时入选第十批全国"一村一品"示范村榜单，并在2021年和2022年连续两年入选全国乡村特色产业产值超亿元村榜单。多年来，陈村社区聚焦三黄鸡这个主导产业，着力做好4个"加法"，走出了从三黄鸡养殖村到全国"一村一品"示范村和亿元村的乡村特色产业高质量发展之路。

一、"龙头企业+"：解锁产业化模式

陈村社区在20多年的三黄鸡养殖发展过程中，走出了春茂集团、富民牧业、常富养殖等自治区级农业产业化龙头企业3家、自治区级示范性合作社1家，都是一步一步地从村民养殖大户发展成长为产业化龙头企业的。依托本土成长起来以及引进落地的多家龙头企业，陈村社区全面建立起"龙头企业+农户+基地"的产业化模式，闯出了三黄鸡产业化发展新局面。在这一模式中企业发挥龙

头作用，与农户签订优质土鸡委托饲养合同，对出栏的鸡实行保价回收，带动村民发展种鸡、肉鸡、鸡苗等养殖，实行统一品牌、统一饲料、统一技术、统一销售的产业化经营；养鸡农户根据订单进行养殖，只需交纳履约保证金 3 ～ 5 元/羽就可以从企业领回鸡苗，由企业提供饲料、技术指导，投入的成本等到鸡群出栏后才进行统一结算。在"龙头企业 +"模式下，陈村社区三黄鸡养殖规模稳步扩大，陈村社区三黄鸡产业集群程度不断提高。陈村社区从事三黄鸡产业的人员达 1 700 多人，有养鸡户 637 户；建成规模化肉鸡生产基地 2 个，年出栏肉鸡 1 100 多万羽；成功打造"桂凤"鸡苗、"桂皇牌"肉鸡、"金大叔牌"禽蛋等深受市场欢迎的三黄鸡系列知名品牌 20 多个。

┃ 二、"全产业链 +"：解锁亿元村密码

从全国"一村一品"示范村到亿元村，陈村社区关键是做好

了"一只鸡"的"全产业链+"文章。在多年的发展中，陈村社区三黄鸡产业已经形成以春茂集团、富民牧业等龙头企业为引领，集种鸡培育、鸡苗生产、肉鸡养殖、肉鸡深加工、餐饮连锁于一体的全产业链，实现了从孵化到养殖、再到深加工、再到中央厨房的完整产业链条。其中，春茂集团实施的中央厨房项目，拥有广西最大的肉鸡屠宰与深加工生产线，包括年屠宰及加工能力达860万羽肉鸡的生产线2条，还配套建设了覆盖集团旗下"全上品餐饮"150家门店的中央厨房生产线，预计满产年产值达3.4亿元、年利税达850万元；项目收购村民订单养殖的优质肉鸡作为生产原料，采用现代餐饮加工工艺和现代化冷链工艺加工为全上品餐饮的主要食材，实现全产业链标准化控制。在"全产业链+"赋能下，2021年全村三黄鸡产业产值达2.9亿元。

三、"党建+"：解锁共同富裕路子

在陈村社区三黄鸡产业发展过程中，镇党委靠前协调，村党支部担当"头雁"，并在产业链上建立党组织，走出了"党建+"引领共同富裕的路子。在镇党委的领导下，春茂集团、富民牧业、常富养殖这三家龙头企业先后建立了党组织，将"两新"组织党

建工作与养殖产业发展有机结合起来，把党员先锋与企业技术人才有机结合起来，有力促进了乡村产业振兴。春茂集团、富民牧业、常富养殖三家龙头企业的党委（党支部）联合陈村社区党组织建立"党建+"合作模式，将公司的资金技术、村级集体经济、农户的土地等要素有效整合，签订村级集体经济合作协议，把闲置土地流转到企业建立三黄鸡产加销产业基地，带领村民成为订单养殖户并共享全产业链增值收益。2020年以来，当地村民通过养殖三黄鸡或在三黄鸡生产基地就业实现年人均增收超2.3万元，收入常年高于全镇平均水平20%以上。

四、"人大代表+"：解锁乡村发展活力

陈村社区三黄鸡产业发展还十分注重发挥人大代表的作用，打造"人大代表联络站+产业"履职直通车，每月组织部分人大代表和村"两委"干部，围绕做大做强养殖产业建言献策。玉林市第五届人大代表、春茂集团董事长全春华，玉林市第六届人大代表、桂绿凤农牧公司总经理李莉等人作为驻站人大代表，充分发挥自身民营企业家的优势，积极投身陈村社区三黄鸡全产业链发展之中，"人大代表联络站+产业"激发乡村发展活力在陈村社区得到了最大限度的显现。此外，一些驻站人大代表还根据自身实际，通过参与推动村级集体经济项目建设、帮助养殖企业协调解决产业发展问题、动员村民流转土地等，在依法履职、为民办事中促进产业兴旺、乡村振兴。

Ⅲ 产业技术模式篇

CHANYE JISHU MOSHIPIAN

沙田柚（结果树）管理技术要点

▌ 一、采果后工作

1. 施采果肥。采果后10天内喷高磷钾等叶面肥（可结合多效唑促花芽分化），根施高效水溶肥（根据树势定量），及时补充营养，恢复树势，保叶过冬。

2. 清园。第1次冬季清园，在采果后进行，可用绿颖矿物油+扑虱灵（或其他药剂）；第2次春季清园，在春梢萌动前后，目的是加速春梢老熟进程，以及壮蕾、控制春梢旺长，促进营养平衡。

3. 基肥。以高含量有机质肥为主，加以复合肥和硅钙钾镁肥，土壤缺硼的还要加施持力硼，于1月下旬完成。

4. 修剪。以维持树冠一定透光量为原则，壮树轻剪，弱树重剪；保留内膛枝及树冠中下部的弱枝（少叶枝、无叶枝），回缩霸王枝、徒长枝等；调控夏梢、秋梢和冬梢，调节果花量；以冬剪（1月）为主。

二、春芽萌动——花蕾期管理

1. 萌芽壮花肥。施以磷肥为主的混合肥，如粪水、复合肥等（或匀力根+健培有机水溶肥灌根）；现蕾嫩梢期根部和叶面追施氨基酸、高钾叶面肥加硼、锌、镁、钼等微量元素肥，促春梢在开花前尽早老熟，于1月下旬至2月上旬完成。

2. 春芽萌动后。控春梢旺长，加速春梢老熟，壮蕾，防治病虫害，时间节点为春梢抽出粒米长时。

3. 春梢展叶时。以防治红蜘蛛、沙皮病、蓟马及壮花为主。

4. 疏花、疏梢。预计花芽过量的，可疏剪部分衰弱结果母枝，开花前尽早疏去过多的花蕾，先疏去畸形、瘦弱及过多的花蕾。一条枝梢宜保留上部1～2个花序，一个花序可留2～3朵大小不同的花蕾；树冠外围末级梢的花蕾宜全部清除；春梢过量的，适当疏除或短截树冠上部过多的春梢，保持树冠透光量。

三、保果

1. 收花80%时。喷施第1次保果药剂，如植物生长调节剂+叶面肥营养剂+保护性杀菌剂等。柚果直径2～3厘米时加强植保和叶面肥喷施。植物生长调节剂可选用芸薹素内酯、2,4-D、6-苄基腺嘌呤（6-BA）等，叶面肥营养剂可选用核苷酸、氨基酸、磷酸二氢钾等，以及其他适用叶面肥。重在减少第一次生理落果，防治沙皮病、黑星病、溃疡病、介壳虫、蓟马。用药要低浓度，对准花或幼果喷施，避开营养枝叶。

2. 盛花幼果初期。若遇不良天气，对长势较旺的柚树可进行环割保果。若遇连续阴雨，应及时摇落花瓣及花丝。若遇高温干热南风，应通过树冠喷水、树盘淋水等方式进行降温保湿处理。

四、定果套袋

1. 疏留果。4月至5月，视树势和果大小分批逐步进行疏留果，叶果比宜为（150～200）：1，弱树叶果比可适度加大。先疏病虫果、畸形果，再疏密小果、上部外围末级梢果。

2. 套袋。5月至6月上旬进行。先用防治锈壁虱、介壳虫、黑星病、溃疡病等病害的农药全面均匀喷洒果实，间隔7天再喷洒一次，连续2次；在第2次用药的当天，待药液干后及时套上柚果专用纸袋。果实采收前10～15天可先行解袋，也可柚果连同纸袋一起采收。（可视天气情况将套袋前的两次喷洒用药改为一次，即若能顺利套袋，喷洒一次药也可。）

五、解决秋黄、果实提质增甜

1. 5—7月每月各淋花生麸一次（根据挂果量而定，100公斤柚子用2斤花生麸沤制后兑水150公斤进行水淋）。

2. 7月、8月各淋一次匀力根＋健培生物有机水溶肥，促进根系活力，减轻叶片供应有机营养压力，防止老叶严重黄化缺素。

3. 9月底、10月上旬施用防烂促甜药剂，具体为中微量元素＋高钾（或匀力果优＋磷酸二钾）。

六、果实采收

1. 采收前。采果前一个月内不能对果园进行漫灌。

2. 采收期。霜降至冬至期间，果实显现成熟色泽，果肉汁胞变软，风味浓甜有香气，可溶性固形物含量达到11%以上时开始采摘，即10月下旬至11月上中旬为采收期。

3. 采收天气。采收前连续有数天昼夜温差大、白天晴热的干燥天气为宜。选择晴天、果实表面水分干后采果。

4. 采收方法。采用"一果二剪法"，采下后的果实应轻拿轻放，避免碰烂、跌伤等机械损伤。

▌ 七、果实贮藏

1. 浸果消毒。采果后24小时内浸果消毒，可选用的保鲜剂有咪鲜胺、噻菌灵。

2. 包装贮藏。经消毒的柚果宜先在常温、通风条件下预贮15～20天，待果皮略软化有弹性后，单果包装或贮藏。［注：采摘时高糖度（≥14%）的宜鲜（30天内）食；中低糖度（11%～13%）的宜久贮，如在30～60天食用。］

水稻高产栽培技术要点

▍ 一、浸种催芽

1. 浸种消毒。杂交稻种子先用清水预浸12小时、优质稻种子先用清水预浸24小时后，再用800倍强氯精溶液浸种12小时，然后洗净催芽。

2. 催芽。高温（36～38℃）破胸，恒温（30～32℃）催芽，低温（25～28℃）炼芽，达到根壮芽短状态时播种。

二、播种育秧

1. 播种时间。早造3月上中旬；晚造7月上中旬。

2. 播种要求。采用塑软盘+壮秧剂浆播旱管覆盖农膜防寒育秧方法。杂交稻每亩大田用种1.5公斤，优质稻每亩大田用种2公斤，每亩用塑盘353孔50～55块，每块播种子25～28克。秧田基肥，复合肥每亩施20公斤，或有机肥每亩施500公斤，播种时每亩用水稻壮秧剂0.5公斤，全部洒施在塑盘上面，每个塑盘穴孔播1～2粒种子，播种时做到每畦定量顺时针、逆时针各播2次，同时压种入泥，覆盖农膜育秧。

3. 育秧要求。根据秧苗生长情况，一般育秧施肥1～2次，秧苗达1.5～2叶期第一次施肥，淋腐熟粪水；秧苗达2.5～3叶期第二次施肥，用腐熟粪水加少量尿素或复合肥淋施。秧苗达4叶期要求育出矮壮带蘖秧苗80%以上，秧龄20～25天。

三、本田处理

1. 犁耙。第一次犁耙沤田10天后，进行第二次耙田，施足基肥后耙平，第二天插秧。

2. 开沟。插秧前每块田都要开通环田沟及分厢沟，大中田块依排水流向，每块田间隔4～5米开一条排水沟，沟宽30厘米、深15厘米，大块田要开通十字沟或井字沟，沟中泥土铺于田面，晒田时加深排灌沟，要求示范区内排灌沟及十字沟拉直统一。

四、插栽秧苗

1. 移栽要求。当秧苗达3.5～4叶期，选择阴天或晴天下午插秧，实行无水层插秧，要求浅插秧。

2. 插植密度。杂交稻7厘米×5厘米，每亩插1.7万蔸，保证每亩基本苗5万左右；优质稻插植规格7厘米×4厘米，每亩插2.0万蔸，保证每亩基本苗6万左右。

五、施用肥料

施肥总量为：杂交稻纯氮不少于16.0公斤/亩，氮、磷、钾比例为1：0.4：1.2；优质稻纯氮不少于14.0公斤/亩，氮、磷、钾比例为1：0.4：1.2。按前期施纯氮占60%、中期施纯氮占30%、后期施纯氮占10%，氮、磷、钾按比例搭配施用。

1. 前期施肥。基肥方面，复合肥20公斤、尿素10公斤、壮秧剂2公斤，抛秧前用杀螺剂喷洒大田1次。追肥方面，插秧后第7天第一次追肥，杂交稻每亩施尿素6公斤、氯化钾6公斤，优质稻每亩施尿素5公斤、氯化钾5公斤，结合使用专用除草剂，然后自然落

干水；插秧后第12～15天第二次追肥，杂交稻每亩施尿素8公斤、氯化钾9公斤，优质稻每亩施尿素6公斤、氯化钾8公斤，结合使用井冈霉素粉剂和扑虱灵预防病虫害。

2. 巧施幼穗分化肥。增加单穗颖花数，增加穗粒数。中期露晒田后，早造于抛秧后45天左右，晚造于抛秧后35天左右，即幼穗分化第三期前后巧施幼穗分化肥。看苗、看天、看田施肥，杂交稻每亩施尿素6公斤、复合肥10公斤、氯化钾5公斤，优质稻每亩施尿素5公斤、复合肥10公斤、氯化钾4公斤。要求无水层施用，使肥料缓慢释放，防止禾苗"暴吃暴长"，确保中期禾苗生长养分供给，促进分蘖苗成穗，增加有效穗，从而促进穗大粒多，达到高产效果。

3. 后期施肥。提升饱满度、出米率、米质。在幼穗分蘖第6～7期，抽穗前7～10天，杂交稻每亩施尿素3.5公斤、氯化钾

3公斤，优质稻每亩施尿素2公斤、氯化钾3公斤，确保后期不缺肥，提高结实率和千粒重，达到高产丰收。如遇不良天气，应推迟施用或减量施用，若分化期水稻叶色浓绿、又遇阴雨连绵的天气，不能施用氮肥，只能施用钾肥。晚造后期如褪色严重，可于齐穗期适当补施壮尾肥，每亩施复合肥5公斤。

六、田间管理

1. 水分管理。无水层插秧立苗，浅水促分蘖，露田够苗，够苗晒田，晒至田中间不陷脚为宜。晒田期间叶色要适度褪淡，枝梗分化期及减数分裂期不断水，浅水抽穗扬花，湿润养穗，干湿交替到黄熟。

2. 病虫害防治。病虫害防治坚持预防为主、防控结合、及时喷药，苗期注意防治稻瘿蚊、二化螟、三化螟，中后期注意防治稻纵卷叶螟、二化螟、三化螟、稻飞虱、纹枯病、稻瘟病等。防治纹枯病、稻瘟病、细菌性条斑病等常用农药为井冈霉素、多菌灵可湿性粉剂、井冈蜡芽菌、三环唑（丰凌、丰登）、叶青双或氧化亚铜等。防治稻飞虱、稻纵卷叶螟、螟虫等常用农药为吡虫啉可湿性粉剂、吡蚜酮、噻嗪酮（扑虱灵）、醚菊酯、阿维菌素、毒死蜱、甲氨基阿维菌素苯甲酸盐、丙溴磷等。

3. 收获期用药相隔15天以上。

温室大棚水果黄瓜栽培技术要点

▎一、品种特性和市场前景

1. 品种特性。 水果黄瓜属于黄瓜的一类，是介于华北型黄瓜和华南型黄瓜之间的中间型品种，少刺瘤，棒形、直且短，果肉厚、皮薄、籽少、味清香，含有蛋白质、脂肪、糖、粗纤维、无机盐和各种维生素，颜色有绿色和浅绿色等。

2. 市场前景。 随着健康意识的增强和生活水平的提高，人们开始注重食品的安全、质量、营养等，水果黄瓜作为一种日常蔬菜和养颜水果的结合体，深受消费者的喜爱，近年来市场需求量大幅增长，市场前景可观。

▎二、栽培环境和品种选择

1. 栽培环境。 温室大棚水果黄瓜对栽培环境没有特殊要求，可种植普通黄瓜的地区均可种植水果黄瓜。

2. 品种选择。 品种选择与水果黄瓜的产量和品质有着紧密的联系，要根据种植地区气候环境、种植制度与大棚结构等，选择生产潜力大、抗病虫害能力强、在当地进行过示范推广、受种植户及市场普遍认可和好评的品种，如"夏之光""冬之光""京研迷你8号""戴多星"等优良品种。

三、播种和育苗

1. 方式选择。春季由于前期气温较低，采用浸种催芽后点播育苗的方式。夏秋季采用种子浸种后点播或干播的方式。穴盘或营养钵育苗，精量点播。

2. 浸种催芽。用50～55℃温开水浸种10～15分钟，不断搅拌以防烫伤，再置于28℃温水浸种3～5小时，捞起晾干后置于30℃恒温条件下催芽，约1～2天后见75%种子露白即可播种。

3. 育苗移栽。①发芽适宜温度为 24 ～ 26℃，温度过高发芽快、但胚芽细长，温度低出芽慢、甚至烂种。正常温度下播种一般 4 ～ 7 天出苗，出苗后，白天保持在 23 ～ 28℃，夜间保持在 16 ～ 18℃，保持一定的昼夜温差利于培育壮苗。温度低时，可以搭小拱棚利用白炽灯或覆盖草席防寒；温度高时，要注意掀膜通风降温。②水果黄瓜的根系喜温怕冷，有氧呼吸旺盛，宜选用通气性好且保温、保湿、保肥的苗床土，如草炭土等。③为避免高脚苗，可在幼苗出土后及时喷 5% 烯效唑 3 000 ～ 4 000 倍液 1 次；真叶长出后，视幼苗生长情况浇 0.2% 三元复合肥加 500 倍黄腐酸水肥 1 次，移栽前用 0.2% 的复合肥水浇苗 1 次；幼苗长到 2 ～ 3 片真叶时可定植，苗龄 15 ～ 25 天。④定植前整地起垄，垄宽 1 ～ 1.2 米，定植株距 45 ～ 50 厘米，采用双行定植，定植密度为每亩 1 800 ～ 2 200 株。⑤水果黄瓜根系弱、再生力差，栽种需要选择晴朗天气，依据露坨浅栽原则，充分利用阳光促进根系发育；苗期定植时应尽量不损伤根系，定植后立即浇缓苗水，使幼苗坨与垄土结合，利于根系发展。

▍四、定植后管理

1. 引蔓整枝。水果黄瓜从播种到开始采摘约需一个半月时间，须遵循根部不留瓜的原则，及时将幼小根瓜摘除，便于培育粗壮瓜苗。植株调整是水果黄瓜获得优质高产的关键措施之一，水果黄瓜卷须出现时应及时吊绳引蔓，每 2 ～ 3 天进行 1 次绕蔓。由于水果黄瓜雌花密度及坐果率均较高，可根据植株长势进行疏花疏果，同时去除植株基部侧枝。长势弱的植株不留首瓜，促使营养主供植株生长，等植株长势正常后再留果，长势壮的植株可每节留1～3个瓜，结果盛期选留2～3个侧枝，侧枝2～3节后摘心。以150～180厘米作为水果黄瓜植株的生长指标，及时进行落蔓操作，保证一次性落蔓位置适当（具有16～20片绿色功能叶），且为减少茎蔓损伤，落蔓须在晴天午后至傍晚进行，及时去除下部病黄老叶、畸形瓜及侧枝。

2. 水肥管理。①黄瓜耐涝性差，苗期应控制水分，开花和结果期需水较多应及时浇水，保持土壤湿润，雨天遇涝应及时排水。②黄瓜属于浅根系，吸收力弱，对高浓度肥料反应敏感，追肥应以勤施薄肥为原则；开花坐果初期，可以每亩施入8～12公斤的高含量全水溶性大量元素肥料、腐殖酸类和甲壳素类生物肥，保证营养的最大限度供应，为果实膨大提供充足支持，且达到养根护根的目的；在根瓜采收后及时进行浇水追肥。③待初果定后，施以重肥，以促高产和优产，施水溶三元复合肥10公斤/亩+黄腐酸肥2公斤/亩；盛瓜期结合浇水以勤施薄施为原则追肥，每5～7天施肥一次，控制氮肥、钾肥、磷肥比例在5∶6∶3，或结合药剂，喷施6～8次含氨基酸及微量元素等叶面肥保叶保果，提高水果黄瓜产量质量；在水果黄瓜结果中后期根部吸收肥力下降时，喷施0.20%或0.30%的磷酸二氢钾溶液和大量元素叶面肥，采用根外施肥的方式，防止植株早衰，具体用肥及用量须根据植株生长状况和生产成本而定。

3. 病虫害管理。应根据"预防为主、综合防治"的方针，优先

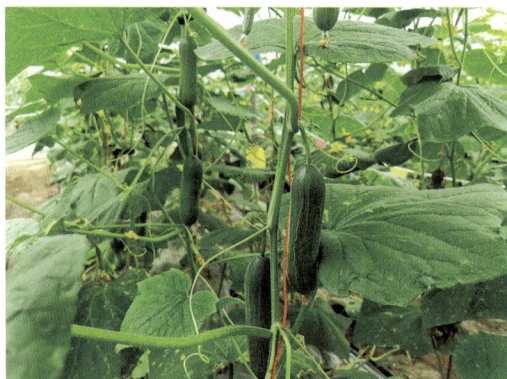

采用农业防治，协调运用物理防治、生物防治，科学合理运用高效、低毒、低残留农药进行防治。①农业防治：实行科学轮作，土壤深翻前用生石灰消毒，有机肥要腐熟，及时清理瓜地的老叶、病叶、虫叶，合理通风排湿，控制氮肥施用，科学施肥，培育壮苗。②物理防治：大棚内悬挂黄板诱杀粉虱、蚜虫、瓜实蝇等，悬挂蓝板诱杀蓟马等；使用防虫网阻拦害虫。③主要害虫及防治：水果黄瓜的主要害虫有菜青虫、斜纹夜蛾、蚜虫、蓟马、粉虱、螨类、潜叶蝇等，这些害虫均严重危害黄瓜生长，因此须提前预防，及时综合防治，防止其暴发。菜青虫、斜纹夜蛾可用甲氨基阿维菌素苯甲酸盐、虫螨腈、氯虫苯甲酰胺、核型多角体病毒和苏云金杆菌防治；蚜虫、蓟马、粉虱和螨类均能迅速传染病毒病，可用乙基多杀菌素、氟啶虫酰胺、螺螨酯、呋虫胺、倍硫磷、联苯菊酯、氯虫苯甲酰胺、甲氧虫酰肼、乙螨唑等交替组合喷雾防治；潜叶蝇从出苗后的子叶开始为害并贯穿整个生育期，可用灭蝇胺、甲氨基阿维菌素苯甲酸盐、高效氯氟氰菊酯等防治。④主要病害及防治：水果黄瓜的主要病害有线虫病、疫病、炭疽病、霜霉病、白粉病、病毒病、蔓枯病、细菌性角斑病等。线虫于苗期开始为害，可在整地时撒噻唑膦颗粒，定植后用噻唑膦灌根或使用含淡紫拟青霉生物菌剂或削线进行防治；疫病可用嘧菌酯、甲霜灵、烯酰吗啉等防治；炭疽病可用苯醚甲环唑、嘧菌酯、异菌脲等防治；霜霉病主要发病于苗期和伸蔓期，可用霜脲锰锌、噁酮霜脲氰、烯酰吗啉、唑醚代森联等防治；白粉病可用硫磺·多菌灵、苯醚甲环唑、乙醚酚、戊唑醇、腈菌唑等药剂进行防治，或使用灭粉优菌剂进行生物防治；病毒病发生在整个生育期，可用香菇多糖、氨基寡糖素等防治，当有暴发的趋势时可用香菇多糖、氨基寡糖素加量施药；蔓枯病在坐果后易发生，可提前用苯甲咪鲜胺或百泰喷施植株，及时清理枯萎植物，使病原远离大棚；细菌性角斑病可用氢氧化铜、喹啉铜和氯溴异氰尿酸等喷雾防治，同时配合使用叶面肥。

五、采收管理

1. 采收时效。水果黄瓜是连续多节位坐瓜，应及时采收以免挂瓜太多消耗养分，使植株长势变弱而形成早衰。一般情况下，当瓜表现出该品种特征特性的时候就要及时采收，及时采收的瓜条大小适宜、粗细均匀、味道较好。

2. 采收方法。进入采收期后，每天早晨采收一次，用刀割断或用剪剪断瓜柄。采摘时要注意轻拿轻放，保证水果黄瓜的商品性。

五彩椒和白尖椒栽培技术要点

▌ 一、品种特性

1. 品种特性。五彩椒原产于南美洲，为茄科辣椒属，属多年生直立草本植物，常作一年生栽培，果实单生朝天，圆球形，单果质量4～9克，有乳白色、紫色、黄色、橙色、红色5种颜色，果皮薄、肉脆、辣度高，适合作观赏盆栽或现代农业示范园区种植，也适合规模化加工生产。白尖椒，又名白辣椒，果实羊角形、光泽度好、商品性佳，嫩熟果黄白色、果长17厘米左右、单果重约18克，老熟果橙红色、抗逆性好，多与其他食材搭配食用。

2. 种植时间。在玉林地区，五彩椒和白尖椒一般秋茬于6月底至7月初播种，8月上旬至中旬定植；春茬于11月底至12月上旬播种，次年2月上旬至中旬定植。

▌ 二、育苗管理

1. 种子处理。为减少生产风险，宜采用质量好的辣椒种子进行播种。在播种前对种子进行晾晒，且采用温汤浸种与药剂浸种双重

处理，可以促进后熟，有效提高出苗质量，杀死种子表面携带的病菌，降低种子带毒而给五彩椒、白尖椒生产造成病害的风险。①温汤浸种：将种子置于55～60℃热水中不断搅拌，浸泡20分钟，待水温降至30℃时停止搅拌，取出种子进行药剂浸种。②药剂浸种：将温汤浸种后的种子移入10%磷酸三钠溶液中浸泡10～15分钟，或放入0.1%高锰酸钾溶液中浸泡20分钟，取出洗净后放入清水中继续浸种5～6小时，温汤浸种加药剂浸种总时长为6～7小时。处理后的种子在秋茬可阴干表面水分直接播种，在春茬则用干净湿润的棉毛巾包裹（种子厚度不超过2厘米），置于28～30℃环境下催芽，其间需要用温水对种子进行淋洗，待70%～80%的种子露白时即可播种。

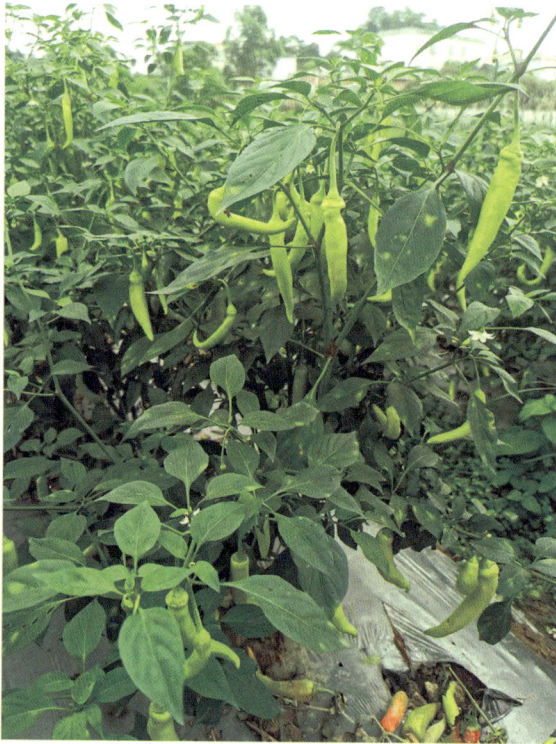

2. 播种及育苗管理。宜选择塑料大棚穴盘基质育苗，育苗基质可选用辣椒专用的育苗基质。将基质装于72孔或105孔穴盘中，用板反复刮平后，将穴盘整齐叠放在一起，压出约5毫米的孔穴，将待播种的种子播于孔穴中，每穴1粒，播种后覆盖5毫米基质，然后浇透水。播种后未出芽前，秋播时注意覆盖遮阳网降温，如中午育苗基质温度高于40℃时应及时通风或喷水降温；春茬播种时覆盖薄膜保温，若温度过低可在棚内搭育苗小拱棚，增加白炽灯保温。约7～10天，80%以上种子出芽，可在苗床上进行常规管理。须使用营养钵苗的，可使用10厘米×10厘米营养钵，在幼苗破心后进行移苗，待苗长至3叶时可对穴盘或营养钵进行间苗、补苗。待第二片真叶长出，须根据苗情使用大量、中量、微量元素或氨基酸水溶肥进行淋浇、叶喷，如陶氏益农的微到系列、巴斯夫氨基酸水溶肥等，做到薄肥勤施。秋茬播种须注意对穴盘苗进行控旺处理，如使用5%烯效唑4 000倍叶喷。壮苗标准为生理苗龄8～10片真叶，茎粗2.5～3.5毫米，植株不徒长、不老化，根系发达，叶色浓绿，无病虫害。

三、定植管理

1. 整地。定植前2周对菜地进行耕翻，将上一茬作物收获后遗留的残枝枯叶清除，并施用充足有机肥和复合肥，每亩撒施腐熟的有机肥1 000～1 500公斤以及三元复合肥40～60公斤，保证幼苗移植后有足够的营养供给。五彩椒和白尖椒根系分布较浅，主要分布在植株周围45厘米、深度15～20厘米的土层中。根系对土壤透气性有一定要求，透气性差易发生根部病害，整地时须深翻土壤，畦宽（连沟）1.4～1.5米、畦高0.3米、沟宽0.6米，铺设银黑地膜，有条件的于铺设地膜前再每畦铺设滴灌管2条。在五彩椒和白尖椒生长中期，由于浇水、施肥、其他农事操作及降雨易造成土壤板结、墒情被破坏，对没铺膜的地块在封垄前应及时中耕，中耕深度和范围以不损伤根系为准，目的是促进根系纵深生长、防止早衰，一般中耕培土后及时浇水有利于根系生长。

2. 定植。定植前用吗啉胍或植病灵等对穴盘苗灌根、叶面喷洒，对预防病毒有较好作用。春茬于2月上中旬，选择晴暖天气及时定植；秋茬于8月上中旬，选择阴天或晴天下午定植。双行品字形定植，五彩椒株距60～70厘米，每亩定植1 200～1 400

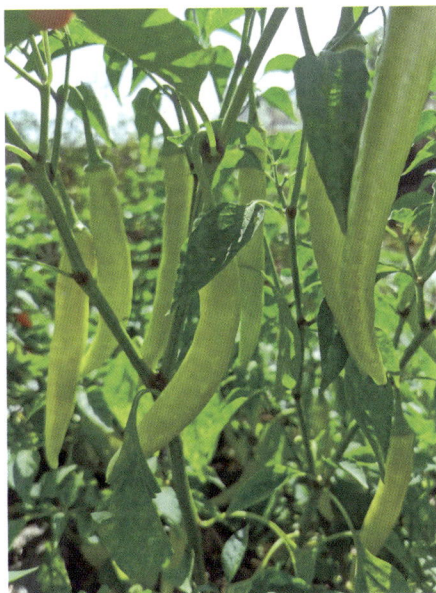

株；白尖椒株距45～50厘米，每亩定植1 700～2 000株。定植后浇透定根水，根系充分和土壤接触利于根系伸展。定植2天淋药水250毫升/株，配方为30%甲霜噁霉灵800倍＋生根剂1 000倍，不同生根剂须参照相关产品使用浓度建议进行调整。

3. 植株调整、除草。五彩椒分枝多，应适当去除较弱的枝条，保留健壮枝条。当白尖椒门椒以下侧枝长至10～15厘米时，选择晴天上午将全部侧枝去掉。为防止病原菌经伤口侵染，整枝后使用80%代森锰锌可湿性粉剂300倍或其他广谱杀菌剂喷雾，并根据植株情况及时搭架和绑枝。

▎ 四、水肥管理

1. 春秋季缓苗前后的水肥管理。春季定植缓苗后，应保持土壤湿润，补水时间选择晴天上午，具体浇水量应视土壤墒情和天气情况而定。秋季缓苗前，每天早上用滴灌浇水10～15分钟；缓苗后，根据植株生长及温度情况酌情滴灌，保持土壤湿润，确保植株无萎蔫；10月下旬开始，随着气温下降，逐步减少滴灌次数和滴灌时间。

2. 缓苗至开花前的水肥管理。施肥可促进植株健壮生长，为开花结果奠定基础，在此期间追肥以三元复合肥或水溶肥为主，轻施缓苗肥。

3. 开花至第一次采收前的水肥管理。主要是促进辣椒植株分枝、开花、坐果，追肥除高磷复合肥、水溶肥外，始花期须追施硼肥，促进花芽分化、提高坐果率、防止落花落果，可使用150克/升液体硼1 500倍喷叶1～2次；当50%植株结果时使用高钾复合肥、

水溶肥或追施硫酸钾复合肥3公斤/亩，促使果实膨大，每次追肥后隔3～4天再浇水且切忌水量过大；结果盛期是整个生长周期中需肥量最大的时期，以复合肥10～15公斤/亩为主，适量增加3公斤/亩钾肥，或高钾大量元素水溶肥3～5公斤/亩，每隔7～10天一次、追施3～4次，叶面喷施钙镁肥、每隔7天喷1次、连用3次并配合使用一定量微肥。结果后期可根据苗情使用0.1%的尿素、0.2%～0.3%的磷酸二氢钾及其他微肥进行根外追肥。在始花期和盛花期如遇低温、连续阴雨和高温天气，可用1.8%复硝酚钠2 800倍或3%硝钠胺鲜酯1 500倍喷叶1次，也可以搭配磷酸二氢钾，利于保花保果、提高产量和降低畸形果率。

五、采收管理

1. 适时采收。从坐果到采收需要20～30天。五彩椒一般采收紫色商品果，果较硬且有光泽时采收最为适宜，单果质量4～9

克；若植株挂果多，市场价格好，也可适当采收单果质量为4～9克的乳白色果。白尖椒嫩果均可食用，嫩果辣度稍低，老果辣味较浓郁，一般果皮黄白色时采收最为适宜，果实转黄转红后不易储运。

2. 采收天气。采收时间以晴天上午为宜，采收后贮存在通风干燥环境下。前期果应适当提早采收，以免影响植株生长；中、后期果长到一定成熟度后采收，以提高品质与产量。

双孢蘑菇智能温控栽培技术要点

▌ 一、技术概要

1. 市场前景。双孢蘑菇是世界上商业化栽培规模最大、普及最广、产量最高的食用菌品种，随着人民生活水平不断提高以及大食物观的深入践行，蘑菇的人均消费量将逐渐增长，有着广阔的市场前景。

2. 自身功效。蘑菇是一种不可多得的食药兼用食物，富含硒元素，蛋白质含量高达42%（干粉），氨基酸种类十分丰富（18种），双孢蘑菇中还含有多糖和其他活性物质，可以提高人体免疫力。

3. 周年生产。应用控温菇房和工厂化出菇房可实现双孢蘑菇周年生产，不受季节限制，生产顺序为：培养基质原料准备→培养基质原料预处理→培养基质原料隧道发酵（一次、二次发酵）→播种→覆土→出菇管理。

▌ 二、场地选择

1. 场地要求。双孢蘑菇的生产场地，要求周边环境卫生，远离工矿区、工业污染源、畜禽养殖场和居民区等。

2. 菇棚规格。菇房方向设计为坐北朝南，采用拱形钢架结构，房壁采用双层塑料膜内夹玻璃纤维保温棉材料，长33米、宽7米，最高处高度4米，地面硬化，每个菇房配备一台食用菌专用空调，选用带温控系统。菇房门口采用厚10厘米的彩钢加芯板保温门，设计成可拆卸大门，高2.5米、宽4米，进料和出料时拆卸大门。大门上再设计1扇小门，小门高2米、宽1.2米，供人员平时摘菇管理出入。

3. 栽培层架。采用镀锌管床架，一个菇房摆放床架3列，长30米、高5层、通道宽1米，每个菇房有效栽培面积约500平方米。

▎ 三、原料和配方

1. 栽培原料。双孢蘑菇栽培原料主要有麦秆、稻草等农作物秸秆和粪肥，如鸡粪、牛粪等。按比例调配原料，使最终的培养基质碳氮比（C∶N）调整为（28～30）∶1。投料量为50～60公斤／平方米。

2. 推荐配方。一个菇房（按500平方米算）用料如下：①麦草28吨，鸡粪15吨，花生饼1吨，石膏2.7吨；②凉粉草渣55吨，干鸡粪8吨，木薯酒精渣6吨，石膏2.6吨；③杏鲍菇菌渣40吨，牛粪8吨，过磷酸钙0.3吨，轻质碳酸钙0.3吨。

▎ 四、发酵方式

1. 发酵方式选择。采用培养料隧道发酵的方式，一次发酵、二次发酵在不同的隧道进行，一般需要3条以上隧道，2条用于一次发酵，1条用于二次发酵。稻草、牛粪应干燥无霉变，按配方称好，将牛粪碾碎，先将鲜畜禽粪便放入泡料池搅拌均匀，再将秸秆放入并充分搅拌，浸泡时间为4天。

2. 一次隧道发酵。将预处理完成后的培养基质原料堆入一次发酵隧道内发酵，隧道中温度应控制在58～62℃。按3～4天的间隔翻堆1次，总计翻堆3次。

3. 二次隧道发酵。将一次隧道发酵后的培养基质原料堆入二次发酵隧道内，密封有氧发酵7天。二次发酵隧道内，7天内完成巴氏灭菌和堆料腐熟。堆料发酵分为以下6个阶段：①料温拉平期（2～8小时），关闭新风，只进行隧道内部气流循环，使料温均衡。②料温拉升期（8～16小时），适当开启新风供氧，促使微生物增殖产热，使料温速升。③巴氏杀菌期（8～10小时），巴氏消毒有效料温为58～60℃。④堆料降温期（4～6小时），适当增

加新风供量，降料温到50℃。⑤堆料腐熟期（4～5天），维持料温48～50℃，促进高温放线菌增殖，腐熟堆料，赋予其选择性。⑥发酵第7天结束，大量送新风降料温到30℃以下，及时出料不许料温回升。二次发酵结束后，标准培养料的颜色是褐棕色，腐熟均匀，富有弹性，秸秆类轻拉即断，含水量为60%～65%，pH为7.0～8.0，无臭味异味，具有浓厚的甜面包香味，料内及整个料层长满白色的棉絮状嗜热性微生物菌落。

五、上料和播种

1. 上料和播种方式。将发酵处理后的培养基质移到菇房内培养床架上，料温稳定在26℃以下时采用传送带将发酵料传输上培养架。在上料的同时，菌种在传输带上进行混播。上料过程中适当翻动料层，拣去土块、石块、粪块等杂物，料层表面保持平整，不得出现坑洼和松散区。投料量为50～60公斤／平方米，料层厚度应

为25厘米 ± 0.5厘米，基本与培养架挡板持平。

2. 菌种质量要求。要求菌种菌丝洁白、健壮，生长整齐、旺盛，无污染无病虫，菌龄适宜。播种时，用种量为麦粒菌种1～1.5瓶/平方米，撒播并部分轻抖入料面内，压实打平，关闭门窗。

3. 菌种选择。①AS2796：菌丝爬土能力中等偏强，成菇率高，基本单生，20℃左右仍可出菇，适宜提前栽培，但该菌株要求投料量足和含氮量高，薄料或含氮量太低可能产生薄皮菇甚至空腹菇。②A15：出菇较早，出菇密度较大，子实体生长发育温度范围4～23℃，最适温度16～18℃，低温结实能力强。③W192：耐肥、耐水、抗高温性能好，具有转潮快、子实体成活率高、丛生菇少、产量高等优点。④W2000：该菌株生长温度范围广，耐高温，比较耐水，菇质比较结实，不易开伞，适合进行罐头加工及超市保鲜销售。

六、菌丝培养

1. 通风保湿。应重点把控通风换气和保湿，及时更换新风口过滤棉，风机开启40%，控制料温26～28℃、湿度60%～70%、二氧化碳6 000毫升/升以内，使二期发酵培养料尽快转入三期发酵阶段。

2. 加强检查。每天逐层检查发菌情况，重点检查有无异常情况发生，如有异常应及时处理。严格控制各项工艺参数，以确保每项参数都能平稳运行。

3. 消毒管理。严格执行消毒制度，严防病菌传播。

▍七、覆土管理

1. 制备覆土。宜采用草炭土或无污染、无病虫的林间土，经翻晒、打碎，土粒直径 1 ～ 1.5 厘米，用石灰与土粒混合均匀，土堆调水，土壤含水量应调整控制为 55% ± 2%，pH 应控制为 7.8 ～ 8.2。

2. 覆土时间。一般为 13 ～ 15 天，菌丝发满料层即可覆土，覆土时菇房适宜温度应控制为 20℃。

3. 覆土方法。将覆土均匀上至床面，土粒应紧密排靠，以看不到培养基质为宜。土层厚薄均匀，厚度为 3 ～ 5 厘米。覆土后将料温降至 17 ～ 19℃，菇房内空气温度应控制为 16℃、相对湿度应控制在 90% ～ 92%、二氧化碳含量应不大于 800 毫升/升。覆土后应根据覆土的干湿情况给覆土分次加水，总量应控制在 2 ～ 3 升/平方米，使土粒含水量达到 18% ～ 22%。

▍八、出菇和采收期管理

1. 出菇期管理。覆土至出菇，一般需 19 ～ 21 天，以土壤间出现大量菌丝，并有米粒状原基出现为准。出菇后，随双孢蘑菇的长大，降低菇房的相对湿度至 80% ～ 85%。当双孢蘑菇长至黄豆粒大小后，根据覆土干湿情况加水，一般随着双孢蘑菇的生长，应逐渐增加水量。培养阶段应根据环境温度调整新鲜空气循环量，二氧化碳含量应控制在 800 ～ 2 000 毫升/升，温度控制在 12 ～ 18℃为宜、不可超过 20℃。每一个生产周期内，应进行三潮采摘，每潮

从出菇到采收一般耗时 10 天。

2. 采收管理。菌盖长至 3～5 厘米，菌膜尚未胀破、未开伞时采收。采菇时，抓住菌柄轻轻扭下，不应带动过多的覆土。鲜菇应轻拿轻放，用小刀削去菇柄基部。双孢蘑菇采摘后移至冷库贮存并及时销售。

3. 转潮管理。每收完一潮菇后要及时对菇床进行整理，挖除老根和老菌块，将采菇后留下的凹穴用土填平，小孔填细土，大孔填粗土、再用细土覆盖，使床面平整，补土后及时喷水调湿。管理过程中出现的死菇、伤残菇、病菇、虫菇要随见随摘，污染严重的土粒要及早铲除。

九、病虫害防治

1. 防治原则。坚持"预防为主、综合防治"的植保方针，重点抓好菇房消毒、培养基质发酵、覆土材料和器具消毒，菇房内应适当进行空气交换，去除受感染的菌簇。

2. 病虫害种类。病害主要包括绿霉、青霉、根霉、毛霉和疣孢霉等；虫害主要包括菇蚊、菇蝇和螨虫等。

3. 预防措施。生产周期间歇应及时清料，培养基质应做无害化处理。将能拆下的床架、垫物捆扎在一起，水中浸泡10～15天，然后洗刷干净捞起晒干；不能拆卸的部分，应先用水冲洗，待干燥后用石灰浆刷白，或用5%～7%石灰水涂刷。菇房全面打扫后，地面用石灰水清洗2遍，晾干即可。采用蒸汽高温消毒的方式，进行菇房消毒。具体操作方法为菇房清理后，关闭所有门窗，温度应控制在70～80℃，持续10小时。此外，还要做好培养基质发酵和覆土的消毒。

4. 防治方法。①农业防治：挖除染有杂菌的培养基质，再撒生石灰覆盖病区，挖掉的培养基质应远离菇房深埋。②物理防治：可使用灭虫灯、防虫网、色板等物理防治方式。③化学防治：宜选用高效、低毒、低残留且与环境相容性好的药剂，出菇期不宜使用化学农药并应严格执行农药安全间隔期。

秀珍菇绿色高效栽培技术要点

▌一、技术概要

1. 市场前景。秀珍菇是广西食用菌优势主栽品种之一，味道鲜美、质地细嫩、营养丰富，在市场上畅销且具有较高效益，近年来栽培面积迅速扩大、产量逐年上升。

2. 应用价值。秀珍菇高效绿色栽培通过集成自动化机械制包、人工低温冷刺激夏季出菇、本土原料绿色与富硒栽培等技术，有效降低劳动强度、节约栽培成本、提高生产效率、提升产品品质，实现人工控制出菇和周年化生产，对促进秀珍菇产业高质量发展和提高菇农栽培效益具有十分重要的意义。

3. 品种选择。适宜广西栽培的秀珍菇品种主要有"台秀57""台秀2号""台秀86""金秀"等。

▌二、栽培季节

1. 利用自然温差栽培。一般利用自然温差出菇的，出菇期应安排在温差较大的月份，可安排在1—4月或10—12月。春季制包由于雨水较多、空气湿度大，污染率高于秋季制包。

2. 利用制冷设施进行温差刺激栽培。利用制冷设施进行低温刺激栽培，潮次明显，出菇比较整齐，能根据市场需求量控制出菇菌包数量。采用制冷措施栽培秀珍菇，出菇期常安排在夏季温度较高时，制包期常安排在11月至次年1月等比较干燥的月份。菌丝培养一般需90～120天，让菌丝成熟，4—9月打冷刺激出菇。利用制冷设施低温刺激出菇生产秀珍菇优势较多，是秀珍菇绿色高效栽培的主要方法，且有温控条件的企业可以实现周年生产。

▌ 三、栽培场所

1. 场地要求。秀珍菇栽培场地主要包括栽培原料场地、菌包制作车间、灭菌车间、冷却接种车间、出菇棚、保鲜冷库等。栽培场地选择应注意以下几个方面：①远离污染区，要远离居民区、远离扬尘和有害生物滋生场所（如水泥厂、垃圾场、各类养殖场）；②交通便利，通往栽培场所的道路要满足原料及鲜菇运输要求；③用电方便，电源要满足菇场冷库和菇棚制冷设备用电，常需安装专用变压器；④给、排水方便，要有生活饮用水源，保证水质清洁，能满足制作菌包和出菇喷水需求，场地周边还要求排水良好、雨季不积水。

2. 出菇棚搭建。秀珍菇出菇须低温刺激，可用钢管大棚作骨架，整个菇棚分左右两部分，中间留2.5米宽水泥通道，既利于菌包运送，又利于移动式制冷机的移动。屋顶高度在6米左右，设计好通风窗（孔），大棚四周再用4米宽幅的黑色遮阳网和黑色塑料膜遮盖控制光照及冬季保温。出菇架采用层架横放排袋方式，层高50厘米左右，每排4层，每层可摆4行菌包。出菇打冷时用厚度为1毫米的白色塑料膜将四周和顶部封闭而分隔为相对独立的"冷库"。

四、栽培原料

1. 原料选择。秀珍菇栽培的原料以含木质素和纤维素的农林业下脚料，如杂木屑、棉籽壳、玉米芯、甘蔗渣等作为主料，以麦麸、玉米粉、米糠、石灰、石膏、碳酸氢钙、磷酸二氢钾、硫酸镁等作为辅料。

2. 栽培主料。棉籽壳是栽培秀珍菇最主要的原材料之一，它具有营养成分高、质地坚实、质量稳定、透气性好、非常适合食用菌菌丝生长、出菇产量高等特点，但其价格较高，使用时一般添加一定量的木屑。适作秀珍菇培养主料的树木种类为常绿阔叶树和多种果树（修剪枝条后再粉碎），新鲜木屑要堆制发酵处理。新鲜的阔叶木屑常含有一些树脂和单宁等不利于菌丝生长的物质，因此新鲜的杂木屑最好进行1～3个月的日晒雨淋自然堆制，每间隔3～4天喷淋一遍。新鲜的木屑经过自然发酵，颜色变为深褐色时使用效果较好。

3. 栽培辅料。常用的栽培辅料是麦麸，麦麸营养丰富，可选择粗皮、红皮麦麸，这两种透气性好。购买时要选用当年加工的新鲜麦麸，要求不回潮、无虫卵、无结块、无霉变现象。另外，添加少量微量元素有利于菌丝生长。如石灰粉调节培养基酸碱度，并提供钙、硫元素；石膏改善培养料的结构和水分状况，增加钙营养；过磷酸钙、硫酸镁、磷酸二氢钾等，对微生物细胞中的酶有激活作用，促进代谢；在培养基配方中一般用量为0.05%～0.1%。

五、栽培配方

1. 培养料配制原则。秀珍菇培养料搭配影响它生长发育过程中的营养平衡，其中最关键的是培养基中碳素、氮素的浓度比例要适当，即碳氮比要合理。在培养基配方中，必须加入能满足其生理需要的各种碳源和氮源。秀珍菇菌丝生长阶段碳氮比（20～30）：1为适宜，如果碳氮比不合适则会出现菇菌柄肥大或畸形不能正常发育的情况，因此碳氮比对于食用菌的生长发育十分重要。

2. 常用栽培原料配方（干料重量）。①棉籽壳40%，杂木屑40%，麸皮18%，石灰2%。②棉籽壳30%，杂木屑35%，玉米芯18%，麦麸15%，石灰2%。③桑枝屑25%，棉籽壳25%，杂木屑30%，麸皮18%，轻质碳酸钙1%，石灰1%。

六、菌袋制作

1. 原料配制。按照配方称取各原料。对于难吸水或颗粒大的原料，如棉籽壳、粗木屑、玉米芯等料要提前1天预湿，防止原料出现干心，影响灭菌效果。原料用水池预湿较好，这样原料能完全湿透。

2. 拌料。①人工和小型机器地面拌料：将预湿好的棉籽壳、木屑等主料分层铺放，次日也分层加入辅助料麦麸、玉米粉、石膏、过磷酸钙等，反复搅拌3～4次，将原料搅拌均匀。②机械自动拌料：将主料和各辅料按配方称量，并换算成相应的体积后，采用不同体积容器量取各成分培养料并依次倒入搅拌机进行拌料。

3. 培养料测定。培养料配制好装袋前必须进行原料含量和酸碱度（pH）的测定，如果不合适，必须进行微调。①含水量测定：培养料含水量要求达到60%～63%，测定方法为用手握紧培养料，指缝间有水纹即达标。②酸碱度测定：秀珍菇菌丝生长适宜pH为6～7，而且菌丝在生长过程中会分泌一定的有机酸，造成培养基酸碱度下降，因此配制培养基时pH应适当调高一些，且培养基灭菌后pH通常会下降，因此秀珍菇培养料灭菌前pH调节至7～8较好。经过测定，如培养基偏酸，可加4%氢氧化钠溶液进行调节，或用石灰水调节至达标。

4. 塑料袋选择。塑料袋有聚乙烯塑料袋和聚丙烯塑料袋两种，常用的塑料袋规格为17厘米×33厘米×0.06毫米。低压聚乙烯塑料的抗张强度较好，一般能耐115℃左右的高温，而栽培菌棒生产一般采用常压蒸汽灭菌，宜选择低压聚乙烯塑料袋，灭菌后能紧贴料面。在食用菌生产中进行高压蒸汽灭菌时，一般情况下宜用聚丙烯塑料袋，其能耐150℃高温，但由于其柔韧性不如聚乙烯塑料袋，在温度低时容易变脆破袋，因此低温季节仍然宜使用聚乙烯菌袋。

5. 装袋。培养料配制好后及时装袋，要求3～4小时完成装袋，防止培养料长时间发酵变酸。根据生产需求可选用简易装袋机、半自动和自动装袋机装袋，培养料经冲压入袋并自动打孔穴。当填料接近袋口5厘米处时，料袋即可取出，将料面整平压实，扎口套套环塞棉花或盖无棉盖，一般配直径为3.5厘米的套环。

七、灭菌和接种

1. 灭菌。灭菌可采取高压高温灭菌和常压灭菌方式，且灭菌工作做得好坏关系到菌棒杂菌污染率，装好的料袋要及时进行灭菌，料袋不能久置，以免培养料酸变。高压高温灭菌时，要达到120℃以上1.5～2小时，装锅过程中料袋摆放是否合理还将影响灭菌锅内蒸汽的流通，灭菌装锅时料袋之间适当留有间隙，这样有利于蒸汽流动，能更好达到彻底灭菌的目的。有条件的最好采用铁架和周转筐盛装料袋灭菌，这样层与层之间、框与框之间、袋与袋之间均有空隙，灭菌锅内蒸汽热循环更流畅，灭菌效果更理想。常压灭菌时，料袋上灶后，立即旺火猛攻，使温度在4～5小时迅速上升至

100℃，然后稳火控制，使温度一直保持在100℃以上维持12个小时，中途不能停火，不能掺冷水，不能降温，持续灭菌，最后旺火猛烧一阵，停火后再闷上几个小时，以达彻底灭菌的目的。

2. 接种。灭菌后迅速移至冷却室，待培养料内部温度冷却至28℃以下再移到接种室，可设计轨道，实现整个培养料和铁架移动。在接种前，须将菌种、接种工具等放入接种室，并与冷却好的菌袋一起用烟雾消毒剂熏蒸消毒1小时，消毒结束后按无菌操作要求接种。选择菌种要求菌丝洁白、健壮，生长整齐、旺盛，无污染、无病虫，菌龄适宜、无老化现象，适当加大接种量，用菌种封住料面，加快菌种萌发吃料，阻止杂菌入侵。操作要敏捷快速，接种时打开袋口，使培养料暴露于空气中；如果室内消毒不彻底，残菌杂菌孢子容易趁机而入，容易引起感染。

八、出菇管理

在适宜环境下菌棒40天左右长满，再后熟一段时间，一般在接种后第80～100天菌棒菌丝生理成熟，可以进行低温刺激出菇管理。

1. 低温刺激出菇。秀珍菇催蕾用低温刺激方法，打冷前用喷雾器向出菇棚及菌棒喷重水，增加室内空间湿度，再用塑料薄膜将出菇架围成一个密封的出菇区域，利用移动式制冷机推进开机制冷并将打冷空间温度降至8～13℃，维持12个小时即可关闭制冷机。

2. 闷棚。冷刺激结束后，应及时让菇棚温度回升，将温度控制在23～27℃，并及时开袋，开袋时，先把颈圈拔掉，然后换成直径6厘米的出菇环或用小刀沿着料面割掉袋口薄膜，敞开袋口露出

料面出菇。菌袋开袋操作结束后，继续用薄膜密封2～3天，增加二氧化碳浓度，闷棚催蕾。经过2～3天闷棚，菌棒袋口料面开始有大量白色菇蕾形成。待70%菌棒子实体菌柄长到2～3厘米时，一般在打冷后第4天，应逐步揭开塑料薄膜通风透气，供给新鲜空气促进菌盖分化，第5天即可采摘。

九、采收和转潮

1. 采收。菇盖直径长到3～4厘米、孢子未弹射之前即八成熟时达到采收标准，应及时采收。秀珍菇是单生菇，宜采大留小，采收时将达到标准的菇用剪刀从菌柄基部距离料面0.5厘米处剪下，一般2～3小时剪一次，每天采收3～5次。秀珍菇采完后，应及时清理料面菇脚或死菇，防止腐烂感染杂菌。

2. 预冷处理。 秀珍菇采下30分钟内应移至冷库进行预冷，通过降低环境温度来抑制鲜菇的新陈代谢，使其保持鲜度、颜色、风味不变，延长保鲜时间。秀珍菇子实体在4℃以下基本停止新陈代谢活动，在0℃以下则会产生冻害，因此保鲜库的温度在0～4℃为宜，预冷时间约3小时，随后进行分级包装。

3. 转潮管理。 采完第1潮后停止喷水，用工具刮除菇脚将料面清理干净，同时清扫棚地面的菇脚和烂菇，通风1～2天，让菌棒口尽快风干，环境湿度维持在65%，约15天后进行下一潮出菇管理。下一潮冷刺激之前，应提前2～3天向菌棒料面喷水，少量多次喷淋，直至料面湿润有弹性，然后按照第一潮管理方法进行低温刺激催蕾和出菇管理。

十、病虫害防治

1. 病虫害种类。危害秀珍菇的病虫害主要有菇蝇、菇蚊、螨类，且开袋出菇阶段正是各种病虫害多发季节，其中危害最严重的是菇蚊，不但吃菌丝，还带入霉菌造成污染。

2. 防治管理。①环境方面：菇房和床架事先要经过严格的灭菌杀虫，出菇期间应当尽可能做好保温保湿和通风透气工作。②原料方面：培养料的质量要符合要求，不能采用被雨淋过变质、霉烂的原料，在处理原料时要控制培养料的 pH 在 7～8。③管理方面：出菇房在门窗及通风口安装 40 目的纱布以减少菌蚊成虫迁入，在日常生产管理中多检查、勤观察，及时发现病虫害并将其消灭在初发阶段，对于已经发生的可采用杀虫灯或安装杀虫黄板进行透杀，菌包蛀虫部分应挖掉并集中烧毁处理。

陆川猪养殖技术要点

▌ 一、哺乳仔猪的饲养管理

哺乳仔猪饲养管理的目标是使每一头仔猪都尽快吃上初乳，如此有利于提高仔猪成活率。

1. 擦拭。仔猪出生后，尽快用棉纱布擦干其全身，清除口、鼻内的黏液，去除猪身上的羊膜。

2. 断脐。仔猪出生后，需断去脐带，手挤脐带往内压，留下3～5厘米，手指用力将脐带挤断，断面用5%碘酊消毒，断面出血的要用细线结扎。

3. 保温。仔猪断脐后放入保温箱内，保温箱温度第一周维持在30℃以上，第二周维持在28～30℃，第三周维持在26～28℃，第四周及之后维持在24～26℃。仔猪哺乳期内环境温度低于20℃，均需要保温。

4. 喂初乳。仔猪出生后2小时注意喂给初乳，增强仔猪免疫能力，提高成活率。

5. 剪牙齿。出生后剪短每头初生仔猪的4个锋利犬齿，这样可以减少对母猪乳头的损伤。仔猪出生后，开始修剪牙齿，不要把牙齿剪得太短，避免损坏齿龈和舌头，防止病原体进入仔猪体内。使用小而尖的侧切割工具，在给下一个仔猪剪齿前，要对工具进行消毒，以避免细菌交叉感染。发育不好的仔猪不剪牙齿。

6. 补铁。仔猪出生后3天内，注意使用补铁制剂。可用牲血素等补铁制剂给每头仔猪注射1～2毫升，防治仔猪缺铁性贫血。

7. 开食。仔猪出生后7～10天，开始用乳猪颗粒料引食，开食可以喂湿拌料。

8. 去势。仔猪中15～20日龄不留种的小公猪作去势处理。

哺乳期仔猪护理，主要是防压和预防仔猪拉痢。防压主要是做好接产，母猪分娩肚子疼，翻来翻去，容易压死仔猪。预防仔猪拉痢：一方面是母猪饲料添加抗生素，母猪产前20天免疫仔猪黄、白痢基因工程苗；另一方面是做好清洁卫生，防潮防湿，保持猪舍干燥。

▌ 二、断奶仔猪的饲养管理

由于陆川猪生长发育慢、体型小，一般断奶仔猪的头重在3～5公斤。仔猪哺乳40～50天断奶，仔猪断奶后由于饲料结构、饲养条件、饲养方式的改变，生长发育易受到影响并发生疾病，因此必须加强对断奶仔猪的管理，以减轻断奶应激带来的损失，尽快恢复其生长。

1. 断奶后仍喂哺乳料，不换料，直到转入保育舍再继续喂1～2周，然后逐步过渡到仔猪料，留1周过渡期，使仔猪有一个适应过程。具体换料过渡办法是：第1至第2天喂3/4乳猪料+1/4仔猪料；第3至第4天喂1/2乳猪料+1/2仔猪料；第5至第6天喂1/4乳猪料+3/4仔猪料；第7天及以后全部喂仔猪料。

2. 断奶后1～2天仔猪采食量往往会减少，但2天后又会猛吃，很容易发生消化不良而下痢。因此在断奶后3～5天要适当控制仔猪采食量，防止消化不良，可采取勤喂少添方式，以后逐渐减少饲喂次数，过渡到日喂4次。

3. 转入保育舍时，宜在晚间进行，最好同窝放在一起，不能同窝仔猪放在一起时，要在并群猪身及猪舍喷上酒精、来苏儿等气味较浓的药品，混淆仔猪间的气味，防止仔猪打斗。

4. 保持保育舍干燥、清洁，并经常消毒，减少疾病感染，有条件的可采用网床饲养，网床饲养可减少仔猪接触污染的机会。

5. 选择优质饲料，保证仔猪营养。

6. 加强驱虫保健，仔猪断奶后50～60日龄要进行驱虫，可选用伊维菌素等驱虫药驱除其体内外寄生虫。

7. 按照免疫程序，注意防疫接种。

三、后备猪的饲养管理

（一）后备猪的饲养

仔猪出生后 3 ～ 4 个月到初次配种前为后备阶段。后备猪要求有发育良好的体格，又不过肥。因此，在日粮结构上，应满足其骨骼、肌肉发育所需要的营养，少用含碳水化合物丰富的饲料，多用品质优良的青绿饲料。

1. 日粮能量水平不要过高，每公斤配合料含 11.72 ～ 12.55 焦，而且粗蛋白质占比要比肥育猪稍高一些、达 14% ～ 15%，以

免后备猪长得过快、过肥。具体配比为玉米60%、麸皮20%、豆粕14%、鱼粉2%、后备猪预混料4%。

2. 饲养方法上采用限量饲养，定时、定量、限制饲喂，喂量占其体重的3.5% ~ 4%。特别是在体重达30公斤以后，不仅食欲旺盛、食量增大，而且容易贪睡、易于肥胖，这时必须限量喂料，每天喂两餐即上午10点一餐、下午4点一餐，中午可加喂1公斤青饲料。

3. 充分利用青绿饲料，以补充维生素，促进生殖器官的发育，并防止过肥。

（二）后备猪的管理

在后备猪的管理方面：第一，必须加强运动，以促进肌肉和骨骼的发育，使身体健壮、防止过肥；第二，有条件的夏秋两季可放牧饲养，更有利于其发育；第三，为了掌握后备猪生长发育情况，每月可称重一次，发现发育不好的，可及时调整日粮；第四，后备猪如果发育良好，体重在40公斤左右，可适当提前配种。

四、肉猪的饲养管理

肉猪的饲养管理是养猪生产重要的一环，在养猪生产中肉猪占比最大，常达养猪总数的90%左右。为充分利用各种因素使肉猪生长快、耗料少，尽量缩短肥育期、提高出栏率，以最大限度获得猪肉产品和经济效益，必须了解猪的生长发育规律以及影响肥育的各方面因素。

（一）生长发育规律

1. 体重的生长规律。从猪的体重增长来说，猪龄越小、增重越慢，猪龄越大、增重越快。

2. 猪体组织的变化规律。猪的骨骼、皮肤、肌肉、脂肪的生长规律，因日龄不同而有一定差异。骨骼、皮肤、肌肉、脂肪虽然同时生长，但不同时期各有侧重，骨骼发育最早，肌肉居中，脂肪沉积后期加强，总体来说就是小猪长骨、中猪长肉、大猪长油。

（二）影响肥育因素

影响猪肥育的因素很多，应抓住主要因素促进猪的生长，提高出栏率。

1. 猪种。纯陆川猪（100%血缘）增重较慢，日增重约365克；二元杂陆川猪（50%陆川猪血缘），日增重在500克左右；三元杂陆川猪（25%陆川猪血缘），日增重在600～650克。

2. 饲料。在饲料数量的影响上，猪吃得多，相应长得快；在饲料品质的影响上，用混合饲料比用单一饲料喂猪增重快，饲料品质好、营养平衡很重要。

3. 肥育前仔猪体重。肥育前体重大、生长发育好的仔猪，比体重小、生长发育差的仔猪，肥育效果要好。一般来说，断奶体重越大，肥育效果越好。

4. 猪龄。按单位体重的增重率计，猪龄愈小，增重速度愈快，每公斤增重消耗饲料愈少。

5. 饲养密度。适当的密度对增重有利，以每头占地面积1平方米为宜。

6. 温度。肉猪最适宜的温度为16～22℃，超过或低于此温度，增重速度开始下降，温度愈高或愈低则下降速度愈快。因此，肉猪在夏季应防暑降温，注意猪舍通风，若温度超过30℃，应在猪身上或地板上洒水降温；冬天低于10℃时，应注意关好门窗，加厚垫草，或生火保温。

7. 其他因素。不同性别（公猪比母猪增重快）、不同饲养方式（自由采食比限食增重快）、饲喂餐次（适当多餐比少餐增重快）、卫生条件（猪栏清洁干燥比肮脏潮湿增重快）、阉割与否（阉割比不阉割增重快）、猪群健康状况（猪群健康无病比有慢性病、寄生虫病增重快）等，对猪的增重都有影响。

（三）肥育方法

目前在陆川猪生产中，肥育方法主要有阶段肥育法和直线肥育法两种。

1. 阶段肥育法。把肉猪分成小猪、中猪和催肥三个阶段，根据每个阶段不同的生长发育特点，采用不同的饲喂方法。

（1）小猪阶段（从断奶至4月龄，体重达35公斤前）。

生理特点主要包括：消化器官容积小，消化能力弱；生长发育快，对营养要求高；骨骼、肌肉、各种器官在旺盛发育时期。如果这一阶段饲养不好就会影响发育，甚至变成僵猪，所以要求饲料质量好，粗料不宜过多。

饲养方法主要是：一是合理分群，最好按窝分群，一窝一栏，如果要合群，则应按体重、强弱等进行分群，每群5～10头，前两天还要防止打架。二是转群前最好驱虫一次，猪栏彻底消毒。三是配合优质日粮，每公斤饲料含消化能13～13.4兆焦耳、粗蛋白质16%～18%，还要进行多种饲料搭配，保持氨基酸、矿物质和维生素平衡。四是多餐喂饲，一般3月龄4餐、晚上加喂一餐，4月龄3餐、晚上加喂1餐，尽量让猪吃饱，喂足清洁饮用水。五是调教小猪在运动场大小便，保持栏内通风凉爽、清洁、干燥。

（2）中猪阶段（出生后5～6月龄，体重36～60公斤）。

生理特点主要包括：骨骼和肌肉已经开始迅速生长，消化器官已经充分发育，有较大的胃肠容积和较强的消化吸收能力。

饲养方法主要是：一是日粮中精料尽量减少，而青粗料适当增加，使猪的骨骼和肌肉得到充分发育。二是保持猪的旺盛食欲，必要时可添加健胃药，尽量让猪食饱，要求日增重400～500克。三是实行不限量采食，每公斤日粮粗蛋白质含量不低于15%、粗纤维不超过12%、消化能11.72兆焦耳左右。

（3）催肥阶段（从7月龄开始，体重60公斤以上）。

生理特点主要包括：骨骼和肌肉的生长已变缓慢，脂肪沉积则加强，消化与采食量到后期有所下降，这一阶段的目的是在短期内采用较多的淀粉料，使猪快速积聚脂肪，达到80公斤以上出栏。

饲养方法主要是：日粮中碳水化合物饲料愈多、脂肪沉积愈快，可用玉米、碎米、木薯、红薯等作为催肥饲料，要求每公斤日粮中含消化能13.4兆焦耳以上、粗蛋白12%～14%。越到后期，猪的食欲越差，这时要减少运动和光照。

2. 直线肥育法。又叫一条龙肥育法、集约肥育法、快速肥育法，从断奶到肥育末期，给予丰富营养，在中猪阶段不"吊架子"，使之得到充分发育，以获得较高的日增重值，要求在6月龄体重达到80～100公斤出栏。

饲养方法主要是：一是肥育前小猪要发育正常，健康无病。二是肥育开始前7～10天，对小猪进行一系列处理，包括按体重、强弱进行分群，对没阉割的小猪进行阉割，阉割后7天进行驱虫，驱虫后3天可喂些健胃药以提高其食欲，没打防疫针的还要补打防疫针。三是正式肥育期3～4个月（从20公斤增至90公斤，需要100～120天；若从30公斤增至90公斤，仅需90～100天），要求前期日增重不低于500～600克，后期日增重700克。四是前期（20～60公斤阶段）每公斤日粮含粗蛋白质不低于16%、消化能13～13.4兆焦耳，后期（61～90公斤阶段）每公斤日粮含粗蛋白质不低于13%、消化能12.5～13兆焦耳，还要注意日粮中矿物质、

147

氨基酸、维生素的平衡。五是饲养管理方面：日喂3餐，精料干湿喂，前期日喂1.2～2公斤，后期日喂2.1～3公斤，青料可以全株或切短或煮熟等方式饲喂且自由采食不限量；自由饮水，注意猪栏干燥、清洁；夏天做好防暑降温，冬天关好门窗保暖，保持猪舍安静；一般肥育猪80公斤以后，生长速度变慢，料肉比提高，基本到了出栏时间，这时候出栏饲养成本低。

五、重要疫病的防控措施

（一）猪瘟

1. 症状及病变。典型的症状包括：病猪体温升高、可高达41℃以上，颤抖、发冷及挤作一团；耳朵、鼻端、四肢、腔部、腹部皮肤可出现不同大小的红色出血斑；眼结膜发炎，眼部脓性分泌物致使眼睑黏着；便秘与腹泻交替，妊娠母猪会流产或产下死胎、畸形儿、木乃伊胎、弱仔。典型的病理变化包括：皮肤出血、淋巴结大理石状出血、喉头有出血点、膀胱黏膜有出血点、肾脏有针状出血点；脾脏出血性梗死，慢性猪瘟回盲瓣有轮状溃疡。

2. 防控措施。①免疫：25～30日龄首免，55～60日龄二免，剂量分别为猪瘟细胞苗2头份和4头份；母猪的剂量为猪瘟细胞苗6头份，或用脾淋苗每次2头份，每年两次。在有猪瘟流行的猪场可使用猪瘟细胞苗进行超前免疫，即一出生就用毛巾擦干仔猪身体，立即注苗1～2头份，2小时后哺乳；35日龄二免，70日龄第三次免疫。②及时淘汰亚临床带毒猪并作无害化处理。③加强日常消毒、管理等措施。

（二）非洲猪瘟

病原：非洲猪瘟病毒。

传染源：感染非洲猪瘟病毒的家猪、野猪（包括病猪、康复猪和隐性感染猪）和钝缘软蜱。

传播途径：主要通过接触非洲猪瘟病毒感染或非洲猪瘟病毒污染物（餐厨物、饲料、饮水）传播，消化道和呼吸道是最主要的感染途径，也可经钝缘软蜱等媒介昆虫叮咬传播。

1. 症状及病变。症状分为最急性、急性、亚急性和慢性。①最急性：无明显临床症状。②急性：体温可高达42℃，沉郁，厌食，耳、四肢、腹部皮肤有出血点，可视黏膜潮红，眼、鼻有黏液脓性分泌物；呕吐、便秘，粪便表面有血液和黏液，或腹泻，粪便带血；共济失调或步态僵直，呼吸困难，病程延长则会出现其他神经症状；妊娠母猪流产；病死率可达100%，病程4～10天。③亚急性：症状与急性相同，但病情较轻，病死率较低；体温波动无规律，一般高于40.5℃；仔猪病死率较高，病程5～30天。④慢性：波状热，呼吸困难，湿咳；消瘦或发育迟缓，体弱，毛色暗淡，关节肿胀，皮肤溃疡，死亡率低。

典型的病理变化包括：全身广泛性出血，包括浆膜表面充血、出血，肾脏、肺脏表面有出血点，心内膜和心外膜有大量出血点，胃、肠黏膜性出血；胆囊、膀胱出血；肺脏肿大，切面流出泡沫性液体，气管内有血性泡沫性黏液；脾脏肿大，易碎，呈暗红色至黑色，表面有出血点，边缘钝圆，有时出现梗死；淋巴结肿大出血。

2. 防控措施。国内尚没有疫苗可预防，也无药物能治疗，只能做好生物安全防控措施，加强消毒，阻断、杀灭病原。

（三）猪喘气病

陆川猪对喘气病高度敏感，感染后不但生长严重受阻，更为严重的是往往容易继发感染其他细菌或病毒，致使病情加重甚至病死，造成重大损失。猪喘气病是影响陆川猪规模养殖的关键因素之一。

1. 症状及病变。典型的症状包括：体温一般不升高，呼吸数增加，使用腹式呼吸法；生长严重受阻，重症死亡。典型的病理变化包括：肺尖叶、心叶、隔叶边缘出现对称肉样或胰样实变。病原为猪肺炎支原体。

2. 防控措施。①淘汰有临床症状的带病毒猪。②实施免疫。采用灭活疫苗，仔猪在7日龄进行第一次免疫，在18日龄进行第二次免疫，剂量为1头份；后备母猪在配种前一个月免疫2次，剂量为每次1头份，两次免疫之间相隔2周。③进行阶段性药物防控。用泰妙菌素、泰乐菌素、替米考星等药物进行阶段性给药。如母猪分娩前后连续2周在每吨饲料中拌80%枝原净125克+多西环素200克；仔猪在46日龄断奶时至60日龄喂上述同样药物、同样剂量。④对已发病病猪，可用恩诺沙星2.5～5毫克/公斤或利高霉素2.5毫克/公斤，每天两次，连用3～5天，也可用卡那霉素、土霉素治疗。

（四）仔猪大肠杆菌病

仔猪1～7日龄发病表现为黄痢；10～20日龄发病表现为白痢；保育阶段表现为仔猪水肿病。病原均为致病性大肠杆菌。

1. 主要症状。①黄痢1～7日龄发病，腹泻，拉黄色浆状稀粪，可造成仔猪迅速消瘦、脱水死亡。②白痢10～20日龄发病，病猪突然腹泻，排出灰白稀粪。③仔猪水肿病由大肠杆菌所产生的毒素引起，发病的猪场主要表现为断奶后发育良好的仔猪群中一头或数头猪突然死亡，没有突然死亡的仔猪步态蹒跚、倒地、四肢呈游泳状、眼睑和额部皮下组织水肿，病猪的体温多数正常。病变主要表现为胃黏膜下、大肠系膜水肿，有时水肿亦见于肺、脑及体腔。

2. 仔猪黄、白痢防控措施。①可用诺氟沙星＋矽碳银口服治疗，也可用阿米卡星肌注治疗。②产前对分娩舍、栏进行彻底消毒。③仔猪一出生即为其口服拜有利1毫升。④护理好仔猪，使其吃足初乳。⑤做好仔猪保温，防止其受冷。⑥保持产房、产床清洁、干燥。⑦必要时可给母猪接种大肠杆菌苗。

3. 仔猪水肿病防控措施。①离乳仔猪管理必须减少应激刺激，离乳时要少喂多餐，避免一次饲喂过多饲料，然后渐渐每餐增至正常量。②在断奶两周内的仔猪饲料中加入一定量的抗生素，如硫酸多黏菌素E，抑制细菌生长。

（五）口蹄疫

1. 主要症状。体温升高达40～41℃；口、鼻、蹄、乳房部皮肤出现水泡，水泡破裂后形成糜烂；蹄壳边缘溃裂，严重的蹄壳脱落；跛行，站立困难，起卧行走时发出疼痛喊叫；部分个体（特别是哺乳仔猪）常不见水泡症状而引起四肢麻痹、不能站立、急性心肌炎，进而造成突然死亡。

2. 防控措施。①商品猪30日龄首免1毫升，60日龄二免2毫升，100日龄三免3毫升。②后备种猪在50公斤前按商品猪的免疫程序执行，90公斤至配种前进行两次免疫，每次3毫升。③生产种猪每年免疫3次，每次3毫升。

（六）传染性胃肠炎及流行性腹泻

1. 主要症状。猪传染性胃肠炎和猪流行性腹泻的临床症状非常相似，典型的症状包括：严重下痢，部分猪有呕吐现象，2周龄内仔猪的死亡率高，多发于冬、春季节。

2. 防控措施。在每年的10下旬及11月上旬，用猪传染性胃肠炎—流行性腹泻二联苗给种猪免疫2次，每次相隔3周，每头每次4毫升，后海穴注射，之后在母猪产前30天再强化免疫一次。

（七）伪狂犬病

1. 症状及病变。典型的症状包括：怀孕母猪流产、死产、产下木乃伊胎、产出的弱仔在1～2天死亡、分娩延迟；哺乳仔猪及断奶仔猪高热达41℃，呼吸困难，有神经症状；有的仔猪发生呕吐、腹泻；肾皮质有多量出血点，肺有出血点和小叶性肺炎，膀胱黏膜有少量出血点，淋巴结充血、出血；病猪的死亡率在60%～100%。最具有诊断意义的病理变化包括：脾充血，实质内有大量密集灰白色点状坏死灶；肝充血，实质内有大量密集灰白色点状坏死灶；脑膜有明显出血，脑脊髓液增多。

2. 防控措施。①后备种猪在配种前一个月进行两次基础免疫，每次相隔3周；生产种猪群，基础免疫每年3次，全群同时进行。②新生仔猪1～3日龄用0.5头份伪狂犬病基因缺失弱毒苗滴鼻，40日龄再肌注1头份。③及时淘汰清理带毒种猪。

（八）猪肺疫

1. 症状及病变。由多杀性巴氏杆菌引起的急性、败血性传染病，分为最急性、急性、慢性型，多见最急性、急性型，死亡率可达100%。主要症状包括：最急性型往往突然发病死亡；急性型体温升高至41～42℃，呼吸困难，张口呼吸，呈犬坐状，口鼻流白色泡沫。典型的病理变化包括：纤维素性肺炎，这是最主要的病变；还会出现心外膜、心内膜有出血斑点，脾部肿大、有出血斑点等。

2. 防控措施。仔猪断奶后用猪肺疫疫苗免疫；对发病猪群在料中加氟苯尼考控制，连续7～10天；减少热、冷以及其他应激因素。

（九）子宫炎

1. 主要症状。母猪分娩后，子宫受到感染而发生炎症，排泄物常呈脓性样、腥臭；隐性子宫炎可见断奶后发情不给配种。患病的母猪体温升高，无食欲，不泌乳。

2. 防控措施。①分娩前对产房、猪体及接产用具进行彻底消毒。②不要将手直接伸进子宫内掏仔猪，如因难产确需进行人工助产的，要对手彻底消毒后才能进行。③在母猪分娩至2～3个仔猪时，将阿莫西林、氧氟沙星用10%生理盐水稀释，分别静输，必要时第2、第3天再重复一次。④出现子宫炎后可用阿莫西林、头孢类等广谱抗生素作肌肉注射或静脉注射，同时用消毒药水冲洗子宫后，用5%氟苯尼考注射液50毫升进行子宫内灌注，每天一次、连续3天；⑤严重的子宫炎及经两个疗程未能治愈的母猪，要及时淘汰清理。

（十）乳房炎

1. 主要症状。乳房发热、肿胀和疼痛；严重时伴有全身感染，母猪出现发烧、败血症。

2. 防控措施。①产前、产后一周，在母猪料中加80%枝原净150克/吨＋多西环素200克/吨＋70%阿莫西林200克/吨。②出生后为仔猪进行正确剪齿，确保哺乳时不伤及母猪乳房。③分娩栏内应正确使用消毒剂来保持良好的卫生状况。④对出现病症的母猪应立刻给予广谱抗生素治疗，如阿莫西林＋地噻咪松肌注或静注，每天2次，连续3～5天。

附 录

玉林市特色农业产业数据

附表 1　2012—2021 年玉林市第一产业增加值[①]

年份	第一产业增加值（亿元）	在广西14个设区市中排名
2012	229.20	3
2013	243.83	3
2014	248.78	3
2015	259.14	3
2016	278.16	3
2017	276.91	3
2018	276.44	3
2019	323.00	3
2020	345.42	3
2021	399.97	3

① 资料来源：根据《广西统计年鉴》《广西壮族自治区国民经济和社会发展统计公报》及广西各市国民经济和社会发展统计公报整理。全部附表同。

附表 2　2012—2021 年玉林市农牧渔业总产值

年份	农牧渔业总产值（亿元）	在广西14个设区市中排名
2012	382.85	3
2013	404.75	3
2014	426.69	3
2015	448.03	3
2016	288.87	3
2017	475.93	3
2018	477.86	3
2019	546.84	3
2020	618.1	3
2021	657.8	3

附表 3   2012—2021 年玉林市园林水果产业情况

年份	产量（万吨）	在广西 14 个设区市中排名
2012	70.97	4
2013	76.44	4
2014	85.10	5
2015	92.52	4
2016	100.27	4
2017	108.46	5
2018	108.60	5
2019	122.04	5
2020	134.85	6
2021	154.40	6

附表4 2012—2021年玉林市蔬菜（含食用菌）产业情况

年份	产量（万吨）	在广西14个设区市中排名
2012	263.72	3
2013	271.47	3
2014	286.90	3
2015	301.74	3
2016	316.35	3
2017	335.10	3
2018	378.11	3
2019	400.35	3
2020	426.37	3
2021	455.34	3

附表 5　2012—2021 年玉林市生猪产业情况

年份	出栏量		猪肉产量	
	完成值（万头）	在广西14个设区市中排名	完成值（万吨）	在广西14个设区市中排名
2012	600.81	1	44.65	1
2013	614.76	1	45.87	1
2014	626.26	1	47.08	1
2015	613.53	1	46.12	1
2016	589.01	1	44.31	1
2017	599.60	1	45.12	1
2018	607.78	1	45.79	1
2019	460.03	1	34.68	1
2020	410.49	1	31.19	1
2021	554.71	1	43.13	1

附表 6　2012—2021 年玉林市家禽产业情况

年份	出栏量		禽蛋产量	
	完成值（亿羽）	在广西14个设区市中排名	完成值（万吨）	在广西14个设区市中排名
2012	2.30	1	5.86	1
2013	2.26	1	6.31	1
2014	2.15	1	6.50	1
2015	2.19	1	6.99	1
2016	2.23	1	7.38	1
2017	2.21	1	7.87	1
2018	2.25	1	6.26	1
2019	2.81	1	7.44	1
2020	3.08	1	5.20	1
2021	2.92	1	5.22	1

附表 7　2012—2021 年玉林市农民收入情况

年份	农村居民人均 可支配收入（元）	在广西14个 设区市中排名	城乡居民 收入比
2012	7 269	3	3.05∶1
2013	8 272	3	2.95∶1
2014	9 314	3	2.86∶1
2015	10 292	3	2.80∶1
2016	12 590	1	2.39∶1
2017	13 597	1	2.37∶1
2018	14 984	1	2.27∶1
2019	16 348	1	2.21∶1
2020	17 721	1	2.11∶1
2021	19 635	1	2.05∶1

参考文献
REFERENCE

陈家贵，2020．广西优良地方家畜品种——陆川猪［J］．广西农学报，35（6）：102.

陈秋夏，2004．我国柚类及其研究概况［J］．福建果树（4）：6-9.

党裔育，潘文道，蓝晓阳，2022．广西玉林百香果产业发展状况初探［J］．中国热带农业，104（1）：27-31.

邓蕾雅，贺亮军，2019．玉林百香果香飘千百里［J］．世界热带农业信息，502（4）：52-53.

关意寅，2020．陆川猪种质资源保护及养殖技术综述［J］．广西农学报，35（5）：72-75.

广西壮族自治区质量技术监督局，2015．中国地理标志产品大典：广西卷二［M］．北京：中国质检出版社.

何天富，邓烈，何绍兰，等，1999．我国柚类生产的回顾与展望［J］．中国南方果树（3）：15-17.

贺国强，魏金康，胡晓艳，等，2022．我国食用菌产业发展现状及展望［J］．蔬菜，376（4）：40-46.

黄彬峻，2021．广西北流市荔枝产业发展对策研究［D］．南宁：广西大学.

黄建祥，江林波，等，2017．华南地区水果黄瓜新品种"翠玉"的高产栽培技术［J］．中国果菜（37）：64-67.

黄丽萍，2022．广西容县沙田柚产业的发展现状及对策研究［D］．南宁：广西大学.

黄新惠，唐丹露，林家健，2014．广西"陆川猪"品牌营销战略研究［J］．现代经济信息（10）：473.

黄雅琼，江永强，梁文全，等，2013．国家级保护品种陆川猪的发展现状［J］．黑龙江畜牧兽医（7）：43-45.

黄玉华，马健明，梁家攀，2011．玉林市三黄鸡优势产业发展探析［J］．中国牧业通讯，339（12）：70-71.

李琳，2023．广西北流市荔枝产业发展现状与对策分析［J］．热带农业科学，43（1）：125-129.

李真，黄榜森，刘长明，等，2011．柚子成就千秋伟业——"广西沙田柚村"容县千秋村见闻［J］．农家之友，321（4）：4-5.

梁家攀，褯繁，2008．玉林三黄鸡产业化发展之路［J］．中国禽业导刊，308（12）：21.

廖芳贤，秦延春，卢玉文，等，2022．玉林市食用菌产业现状及发展对策［J］．农技服务，39（9）：100-103.

刘光琳，2020．三黄鸡产业集群之"玉林之路"［J］．农家之友，433（7）：4-5.

刘慧琴，章心惠，等，2019．衢州白辣椒设施栽培技术规范［J］．长江蔬菜（7）：20-21.

刘时毓，黄智刚，2023．乡村振兴背景下容县沙田柚产业发展SWOT分析及建议［J］．南方农业，17（3）：190-192，197.

刘向东，宁丰南，2013．北流荔枝发展现状、存在问题及对策建议［J］．农业科技通讯，99（7）：28-29.

卢玉文，李坤，2011．玉林市食用菌发展的实践与思考［J］．现代农业科技，564（22）：376-378.

罗超柱，陈国武，梁家攀，2009．玉林三黄鸡的养殖现状及发展对策［J］．畜牧市场，79（7）：75-76.

马淑霞，2021．温室大棚水果黄瓜栽培管理及市场前景分析［J］．特种经济动植物（2）：48-49.

齐文娥，陈厚彬，罗滔，等，2019．中国大陆荔枝产业发展现状、趋势与对策［J］．广东农业科学，46（10）：132-139.

荣光勋，何金旺，程仙枝，2010. 百香果的市场前景及吉龙1号百香果栽培技术［J］. 现代农业科技，536（18）：95-96.

沈炜，2017. 春季大棚水果黄瓜品种筛选及配套栽培技术研究［J］. 中国果菜（37）：57-60.

滕法鑫，罗婷元，吕巧玉，等，2022. 广西陆川猪产业现状调查分析［J］. 中国畜禽种业，18（8）：5-7.

王静怡，徐华亮，管昕，2020. 我国食用菌产业发展对农业经济结构调整的影响［J］. 中国食用菌，39（5）：100-102.

王善云，许武华，2009. 百香果特性与丰产栽培技术［J］. 福建农业（10）：16.

吴琳，2013. 不同辣椒品种对烟粉虱的抗性及其生理生化机制研究［D］. 扬州：扬州大学.

吴星，王萌，赵曾菁，等，2021. 广西大棚五彩椒绿色高产栽培技术［J］. 中国蔬菜（12）：113-116.

吴艳敏，2016. 推进百香果规模化生产切实增加果农收益——以广西博白县百香果生产为例［J］. 吉林农业，379（10）：101.

谢毅栋，2009. 广西食用菌发展历程及对策［J］. 安徽农学通报（上半月刊），15（21）：86-87，129.

杨娟，宋春艳，郑秀国，等，2021. 我国食用菌产业发展路径与建议——基于新结构经济学理论的分析［J］. 上海农业学报，37（2）：127-133.

曾少兰，2022. 容县沙田柚产业发展思路与措施探讨［J］. 南方农业（16）17：175-177.

周贻国，黄彩霞，1999. 我国柚类生产持续发展的探讨［J］. 福建果树（2）：21-24.

图书在版编目（CIP）数据

桂东南地区特色农业产业发展及实用技术模式 / 许忠裕主编. —北京：中国农业出版社，2023.8
ISBN 978-7-109-31131-2

Ⅰ.①桂… Ⅱ.①许… Ⅲ.①特色农业—农业发展—研究—广西 Ⅳ.①F327.67

中国国家版本馆CIP数据核字（2023）第176090号

中国农业出版社出版

地址：北京市朝阳区麦子店街18号楼
邮编：100125
责任编辑：潘洪洋
版式设计：王　晨　　责任校对：周丽芳
印刷：北京通州皇家印刷厂
版次：2023年8月第1版
印次：2023年8月北京第1次印刷
发行：新华书店北京发行所
开本：700mm×1000mm　1/16
印张：11
字数：132千字
定价：62.00元